in·relation

BeziehungsRaumEreignis 2016

Macht und Management
Die Ohnmacht der Macht und die Macht der Ohnmacht

Michael Korpiun, Marion Lecour, Martin Thiele
(Herausgeber)

In Relation Publications | No. 1

Impressum

Texte:	© Copyright by Dr. Michael Korpiun, Martin Thiele
Umschlag:	© Copyright by Dr. Michael Korpiun, Martin Thiele
Verlag:	Books on Demand GmbH
	In den Tarpen 42
	22848 Hamburg
	www.bod.de
Druck:	Books on Demand, Norderstedt

2. Auflage 2018

ISBN 9-783752-852189

Printed in Germany

Bibliografische Information der Deutschen Nationalbibliothek

Die Deutsche Nationalbibliothek verzeichnet diese Publikation in der Deut-schen Nationalbibliografie; detaillierte bibliografische Daten sind im Internet über http://dnb.d-nb.de abrufbar.

Überblick

Inhaltsverzeichnis

Macht und Management

01

Vorwort

Vorwort

Aus der bisherigen In Stability Jahreskonferenz ist in 2016 unter dem Label „In Relation" das „BeziehungsRaumEreignis" geworden.

In Relation greift als Begrifflichkeit ein grundsätzlich beziehungsorientiertes Format auf, das in besonderer Weise in der Vernetzung und im Austausch seinen Ausdruck findet. Gemeinsam Wissen, Erfahrungen und Gedanken auszutauschen und daraus Neues entstehen zu lassen, ermöglicht Entwicklung sowohl auf persönlicher wie auch auf organisationaler Ebene.

„BeziehungsRaumEreignis": Dieser Begriff weist bereits auf das Format der Veranstaltung hin: In den angebotenen thematischen Räumen können sich Erfahrungen, Sichtweisen und Gedanken entfalten, die wiederum den Erfahrungen und Perspektiven anderer begegnen, so dass sich daraus neue Erkenntnisse entwickeln können. Dabei wird nicht nur der Kopf, sondern durch unterschiedliche Impulse auch sensorische und emotionale Ressourcen angesprochen und aktiviert. Aus Teilnehmern werden interaktiv gestaltende Sinn- und Erkenntnisproduzenten innerhalb eines geteilten Prozesses.

Auch die Erfahrung von Macht wäre ohne einen Beziehungsraum nicht möglich, denn Macht ist ein Phänomen, das Dualität voraussetzt: eine machtausübende und eine machtempfangende Instanz. Macht kann als erstrebenswertes Instrument persönlicher Wirksamkeit erlebt werden, ebenso wie als Merkmal von Missbrauch bis hin zur Gewalt.

Seit einiger Zeit bestimmen neue Akzente die Diskussion über das Thema Macht im Organisationskontext: Da ist von „hierarchiefreien" Strukturen die Rede, mitunter missverstanden als machtfreie Räume ohne Führung. Gemeint ist stattdessen der Verzicht auf eine formelle disziplinarische Führung. Diese jedoch erfordert eine aktive Beziehungsgestaltung. Wo Macht abgegeben wird, entsteht Raum für geteilte individuelle Verantwortung.

Gelegentlich wird dabei übersehen, dass Mitarbeiter nicht immer bereit und/oder in der Lage sind Verantwortung zu übernehmen. Denn wahrgenommene Macht kann durchaus entlastend wirken. Die Entscheidung, die von einer übergeordneten Instanz getroffen wird, kann wahlweise passiv ausgeführt oder auch kritisiert werden, ohne sie konstruktiv zu hinterfragen oder eigene Alternativen einzubringen.

Andererseits bringt gerade die „Generation Y" aufgrund ihrer Sozialisation Erwartungen mit in die Organisationen, zu einem frühen Zeitpunkt mitreden und in der Folge mit entscheiden zu können. Macht im Sinne von Autorität trägt neue Züge, tritt teilweise zugunsten konsensualer Prozesse in den Hintergrund und wird offen hinterfragt.

Dieses Spannungsfeld innerhalb der Unternehmen stellt eine komplexe Herausforderung für Führungskräfte dar, im Bemühen um einen wirksamen Umgang mit Macht und Verantwortung. In subtiler Form können die scheinbar Machtlosen in Organisationszusammenhängen ihre Interessen vertreten: Dienst nach Vorschrift, Sabotage durch einfaches Wegschauen oder auch durch legitimierte Formen der Machtausübung, z.B. durch Streik. Die Bandbreite von unbewusst und bewusst ausgeübter Macht in all ihren Facetten ist beträchtlich und setzt sich selbstverständlich auch in privaten Beziehungen fort.

In globalen sozialpolitischen Zusammenhängen erkennen wir aktuell ebenfalls interessante Entwicklungen. Denken wir an die

Flüchtlingsthematik. Ein scheinbar machtloses Individuum gelangt allein durch den Faktor der Kumulation Gleichgesinnter zu
Einfluss auf politische, wirtschaftliche und soziale Strukturen
auf transnationaler Ebene und löst (Gegen-) Bewegungen aus bis
hin zu neuen Formen von Nationalismus und „wir sind das Volk."

Diese ersten Zugänge zum Thema und viele weitere spannende
Aspekte haben das BeziehungsRaumEreignis 2016 zu einer neuen
Erfahrung für uns alle werden lassen. Dieser Reader versteht sich
als Dokumentation und als Anregung, die vielfältigen Facetten
des Themas aufzugreifen und mit eigenen Erfahrungen zu ver-
knüpfen. Wir freuen uns auf weitere bereichernde Dialoge.

Marion Lecour

Macht und Management

02

Michael Korpiun, Martin Thiele
Beziehungsmacht – was Macht
in Beziehung macht

Beziehungsmacht - was Macht in Beziehung macht

Michael Korpiun, Martin Thiele

1 Einleitung

Der nachfolgende Beitrag gibt einen Überblick über Macht, ihre Erscheinungsformen und ihre Bedeutung für die Gestaltung von Beziehungen. Macht wird dabei als Beziehungsgeschehen interpretiert, das sowohl förderlich und ebenso auch hinderlich für die Gestaltung von Beziehungen sein kann (Kapitel 1). Nachfolgend werden einige Grundformen und Ausprägungen von Macht vorgestellt (Kapitel 2.1.) und im Hinblick auf Beziehungsformen differenziert (Kapitel 2.2.). Mit Feudal- und Disziplinarmacht stehen dabei zunächst zwei besser bekannte Machtformen im Blickpunkt. Aktuell gewinnt jedoch mit der Psychomacht eine eher attraktiv erscheinende und zugleich sehr subtil wirkende Machtform an Bedeutung. Insbesondere die Disziplinarmacht und die Psychomacht werden dann im Anschluss im Hinblick auf ihre Bedeutung für das Individuum (Kapitel 3) und die Organisation (Kapitel 4) näher beleuchtet.

2 Macht als Beziehungsgeschehen

Menschen *haben* keine Macht. Vielmehr findet Macht ihren Ausdruck in Beziehungen zwischen ihnen. Aussagen, wie „dieser Mensch ist mächtig" sind nur sinnvoll in Verbindung zu den Menschen, über die er Macht hat. Macht braucht somit den anderen zu ihrer Konstitution. Wird Macht in Beziehungen von einem

Partner kritisch hinterfragt, ist sie bereits gefährdet. Allein die Bewusstheit über andere Formen der Beziehungsgestaltung als der durch Macht gefährdet ihre Existenz.

Macht ist damit *eine* Ausprägung der Beziehungsform des „ich-oder-du" (vgl. Sell 2009). Sie kann konfliktär oder konsensual sein. Konfliktäre Machtbeziehungen sind typischerweise durch Auseinandersetzung bis hin zum Kampf gekennzeichnet. Sie prägen sich aus in diskursiven Kommunikationsformen, wie z.B. Diskussionen, Debatten oder Streitgesprächen. Konsensuale Machtbeziehungen sind gekennzeichnet durch gewählte Formen von Über- und Unterordnung, mithin von Abhängigkeit. Dabei begibt sich ein Beziehungspartner in die Abhängigkeit von einem anderen, was sich typischerweise in einvernehmlichen Interaktionsmustern, wie z.B. parallelen Transaktionen (vgl. Berne 1991, S 128 ff.) niederschlägt.

Macht wird üblicherweise individuell sehr unterschiedlich bewertet (vgl. Schmid & Hipp 1998, S. 2 f.). Manche Menschen sind von ihr fasziniert und sie zieht sie in ihren Bann. Andere Menschen fühlen sich von Macht abgestoßen und verabscheuen sie. Da liegt die Frage auf der Hand, woran das liegen könnte. U.E. liegt es weniger daran, ob Macht sich in Beziehungen konfliktär oder konsensual äußert als vielmehr daran, ob Macht als eher förderlich oder hinderlich für Beziehungen angesehen wird.

Beziehungsförderliche Ausprägungen konfliktärer Machtbeziehungen sind beispielsweise Auseinandersetzungen, in der die Beziehungspartner einerseits konstruktiv-wertschätzend und andererseits hart in der Sache um einen Sachverhalt ringen. Im besten Fall führt diese Form der Auseinandersetzung („ich-oder-du") zu einer verbesserten Form der Kooperation i.S.v. „ich-es-du" und damit zu einer Weiterentwicklung bilateraler Beziehungsfähigkeiten (vgl. Thiele & Korpiun 2016). In diesem Fall

18

wäre das Ergebnis einer konfliktären Machtbeziehung eine win-win-Situation (vgl. Glasl 2004, S. 234 ff.).

Beziehungsförderliche Ausprägungen konsensualer Machtbeziehungen sind beispielsweise freiwillig gewählte Formen von – auch wechselseitigen – Abhängigkeiten, wie sie z.B. für vertragliche Vereinbarungen typisch sind. Sie schreiben die wechselseitigen Rechte und Pflichten und damit Einflussmöglichkeiten fest, die nachfolgend konstituierend für die Beziehungsgestaltung sind. Das arbeitsvertragliche Weisungsrecht eines Vorgesetzten konstituiert damit ein Machtverhältnis, allerdings eines, in das der Mitarbeiter zuvor eingewilligt hat.

Problematisch werden Machtbeziehungen dann, wenn sie Beziehungen einschränken. *Beziehungshinderliche Formen konfliktärer Auseinandersetzung* finden typischerweise auf Basis von Nicht-Ok-Grundhaltungen (vgl. Ernst 1971, Harris & Harris 2004, 2008) statt. Dabei wird dem Beziehungspartner die Gleichwertigkeit abgesprochen. Er wird mit seinem Denken, Fühlen und Handeln als weniger wertvoll, wichtig oder bedeutsam angesehen als man selbst. Die damit verbundenen Kommunikationsmuster sind überwiegend durch gekreuzte Transaktionen (vgl. Berne 1961, S. 128 ff.) bestimmt und potenziell spieleinladend (vgl. Berne 1961, S. 98 ff.). Im Ergebnis besteht das Risiko von Win-lose- oder Lose-lose-Situationen (vgl. Glasl 2004, S. 256 ff.).

Beziehungshinderliche Formen konsensualer Machtbeziehungen sind typisch für nichtparitätische Formen der Beziehungsgestaltung. Sie finden ebenfalls auf Basis von Nicht-Ok-Grundhaltungen (s.o.) statt. Im Ergebnis führen sie zu einer Ungleichverteilung von Verantwortung i.S.v. Über- und Unterverantwortung (vgl. Hagehülsmann & Hagehülsmann 2007, S. 220). Charakteristisch für diese Form der Beziehungsgestaltung sind Aussagen von

Überverantwortlichen, wie z.B. „immer muss ich hier alles alleine machen" und Unterverantwortlichen, wie z.B. „das müssen andere entscheiden".

	Konfliktäre Machtbeziehungen	Konsensuale Machtbeziehungen
Förderlich für Beziehungen	Konfliktäre Auseinandersetzung auf Basis von Ok-Grundhaltungen (+/+ triff auf +/+), typischerweise gekreuzte Transaktionen, kompetitive Form der Beziehungsgestaltung, Chance zu Win-win-Situationen	Konsensuale, freiwillige Struktur der Beziehung auf Basis von OK-Grundhaltungen (+/+ trifft auf +/+), überwiegend parallele Transaktionen, führt zu gewählter Form von Abhängigkeit
Hinderlich für Beziehungen	Konfliktäre Auseinandersetzung auf Basis von Nicht-Ok-Grundhaltungen (+/- trifft auf +/-), gekreuzter Transaktionen, potenziell spieleinladend i.S.v. psychologischen Spielen, Risiko von Win-lose- bis hin zu Lose-lose-Situationen	Konsensuale Über- und Unterordnung auf Basis von Nicht-Ok-Grundhaltungen (+/- trifft auf +/-), überwiegend parallele Transaktionen, gekennzeichnet durch Ungleichverteilung von Verantwortung (Über- vs. Unterverantwortung)

Tabelle 1: Charakterisierung von Machtbeziehungen (Quelle: eigene Darstellung)

Aus beziehungstheoretischer Sicht wird deutlich, dass Macht per se weder positiv noch negativ ist. Sie ist ein Beziehungsgeschehen, das Beziehungen fördern oder einschränken kann. Macht ist damit selbstreferentiell. Sie wirkt auf sich zurück. Tabelle 1 fasst diese Zusammenhänge zusammen.

Die Beschäftigung mit Macht ist heute aktueller denn je. Zwar ist Macht als Beziehungsform wohl so alt wie die Menschheit.

Gleichwohl haben sich die Formen gewandelt, in denen sie erscheint. Dieser Wandel der Machtformen steht im Mittelpunkt des folgenden Kapitels.

3 Wandel der Machtformen

3.1. Überblick über wesentliche Formen von Macht

Macht hat sich über die Zeit wesentlich gewandelt. Nachfolgend stellen wir die drei folgenden *Formen* näher vor (vgl. hierzu im Folgenden Han 2015):

1. Feudalmacht
2. Disziplinarmacht
3. Psychomacht

Ad 1.) Feudalmacht.
Eine der ursprünglichsten und bis heute präsenten Machtformen ist die Feudalmacht. Sie konstituiert die Macht der Mächtigen über Leib und Leben der Machtlosen. Sie ist damit eine existentielle Verfügungsmacht. Der andere wird Eigentum, weshalb wir im Rahmen der Feudalmacht von Leibeigentum sprechen. Und gemäß dem Global Slavery Index gibt es heute noch immer 46 Mio. Menschen, die in moderner Sklaverei leben (www.global-slaveryindex.org, 2016).

Feudalmacht ist gekennzeichnet durch vordefinierte Entscheidungen zur Beziehung von Mächtigen und Machtlosen, also solchen ohne Macht. Der Begriff der „Ohnmacht" ist sprachlicher Niederschlag dieses Sachverhalts. Die Akzeptanz dieser Form der

Beziehungsgestaltung wird vorausgesetzt, selbst wenn Machtlose mit dieser Rollenzuweisung über ihre Lebenszeit hinweg ha-
dern.

Der selbstreferentielle Aspekt der Macht als Beziehungsform
wird in der Feudalmacht dadurch deutlich, dass sie selbsterhal-
tenden Charakter hat. So besteht in der Beziehungsform der
Feudalmacht kein Anreiz zur Ausprägung meta-reflexiver Kompetenzen der Machtlosen, die Beziehung anders zu gestalten.
Das erschwert insbesondere den individuellen Ausweg aus feu-
dalen Machtverhältnissen. Historisch gesehen sind ihre Auflösun-
gen daher i.d.R. kollektiv unter dem Druck der Masse erfolgt,
selbst wenn es individuelle Initiativen hierzu gegeben hat.
Gleichzeitig haben die Machtlosen bzw. Ohnmächtigen damit
eine Machtumkehr bewirkt.

Diese Machtumkehr ist typsicherweise von der Macht der Ohnmacht und der Ohnmacht der Macht gekennzeichnet. Bislang
Ohnmächtige werden sich ihrer Macht bewusst und bislang Mächtige der Fragilität ihrer Macht. Und gleichzeitig zeigt sich hier
noch einmal, dass Macht keine personale Eigenschaft ist, die einem Menschen zu eigen ist. Vielmehr *kann Macht als spezifische
Ausprägung eines dynamischen energetischen Flusses verstanden werden, der die Beziehung von Menschen in einer bestimmten Weise strukturiert.*

Ad 2.) Disziplinarmacht.

Disziplinarmacht unterscheidet sich wesentlich von der Feudal-
macht. Konstituiert die Feudalmacht die Verfügbarkeit über
Leib und Leben so konstituiert Disziplinarmacht die Verfügungs-
macht über die Leistung des anderen. Disziplinarmacht ist die
Macht, belohnen und sanktionieren zu können. Das geschieht auf
Basis festgelegter oder vereinbarter Leistungen und Standards.

Werden diese erreicht, können die Mächtigen belohnen, werden sie nicht erreicht, können Mächtige sanktionieren.

Mit dem aus dem Neulateinischen kommende Begriff „sanctio" beschreibt das Sanktionieren die Macht der Festlegung, Bestätigung, Bekräftigung und Anordnung von Strafe. Disziplinarmacht ist damit vielschichtig. Sie umfasst einerseits die *urteilende Macht der Legitimation* von „richtig" und „falsch", „erfüllt" oder „nicht erfüllt", von „genügend" oder „ungenügend". Und andererseits umfängt sie die *exekutive Macht der Gewalt*, Nicht- oder Schlechtleistung mit Konsequenzen und Strafen zu versehen.

So ist die Disziplinarmacht von Führungskräften konstitutiver Teil ihrer Einflussmöglichkeiten, disziplinarisch gegen Mitarbeiter vorzugehen. Sprachlich findet das seinen Niederschlag im Begriff der *„disziplinarischen Führung"*, die sich eben gerade hierdurch von der *„fachlichen Führung"* unterscheidet. Im anglo-amerikanischen Sprachraum wird analog vom *„Executive"* oder *„Senior Executive"* als dem gesprochen, der exekutive Gewalt bzw. Sanktionsmacht hat.

Komplementiert wird die Disziplinarmacht durch die Möglichkeit der Belohnung. Sie ist dabei der Gegenpol der Sanktionierung. In der Wirtschaft findet sie ihren Ausdruck in Belohnungssystemen. Sie würdigen wohlfälliges Verhalten etwa durch die Vergabe von Boni und Tantiemen.

Disziplinarmacht ist dabei immer auf die Vergangenheit ausgerichtet. Ihr Urteilsobjekt ist das Vergehen. Der Begriff des „Vergehens" impliziert beides: den falschen Weg wie den zeitlich zurückliegenden Vergang. Folglich ist Disziplinarmacht erkennbar an der Festlegung und Vereinbarung von konkreten Leistungen ebenso wie der Festschreibungen von Wegen zu dieser Leistung mithin dem Prozess der Leistungserstellung. Ersteres findet sich in Organisationen wieder beispielsweise in Zielvereinbarungen, Leistungsbeschreibungen, Pflichten- und Lastenheften. Letzteres in Compliance-Regeln, Verhaltenskodizes, Prozessbeschreibungen oder Kompetenzmatrizen.

Disziplinarmacht fokussiert das „Sollen". Disziplinarbeziehungen sind daher von Anpassung geprägt. Widerstand gegen Disziplinarmacht äußert sich i.d.R. in Rebellion. Auch Rebellion ist noch immer eine Abhängigkeitsbeziehung. Der Rebellierende rebelliert gegen etwas bzw. jemanden. Veränderung von Disziplinarbeziehungen erfordert indes ein Neuaushandeln der Rahmenbedingungen der Beziehung. Transaktionsanalytisch formuliert konstituieren Disziplinar-Machtverhältnisse tendenziell Beziehungsmuster zwischen elterlichen und kindlichen Anteilen der Beziehungspartner. Umso wichtiger sind erwachsene Anteile in der Aus- oder Neuverhandlung disziplinarischer Machtverhältnisse auf beiden Seiten.

Disziplinarmacht spannt damit einen Rahmen auf, in dem Entscheidungen getroffen werden können. Das ist solange unproblematisch, solange über den Prozess der urteilenden Macht der Legitimation sowie die exekutive Macht der Konsequenz im Prozess der Beziehungsanbahnung Einigkeit bestand. Schwierig wird es dann, wenn es beispielweise zwischen Führungskräften und Mitarbeitern nicht zu einer Verständigung über zukünftig zu erbringenden Leistungen und/oder den Prozess der Leistungserstellung kommt. Herausfordernd wird es auch dann, wenn in der Zusammenarbeit einseitig Leistung und/oder der Prozess zur Leistungserstellung dynamisiert werden. Das könnte dann der Fall sein, wenn beispielsweise eine Führungskraft überraschend die Urteilskriterien zur Definition von Leistung verändert oder ein Mitarbeiter die Wege zur Zielerreichung re-definiert.

Ad 3.) Psychomacht.

Die Psychomacht unterscheidet sich kategorial von der Disziplinarmacht. Sie ist die immanente Macht oder „die Macht in mir". Es ist dies die subtile Form der freiwilligen Einwilligung in die Machtbeziehung. Damit ist sie zugleich die stärkste Form der Macht, weil Macht und Ohnmacht gleichermaßen intrapsychisch repräsentiert sind. Diese Form der Macht braucht nicht mehr den sichtbaren anderen als Projektionsfläche des Mächtigen. Konsequenterweise nennen wir sie Psychomacht.

Sie findet ihren Ausdruck beispielsweise im freiwilligen Teilen von Daten und Informationen im Netz. Das gibt Anbietern digitaler Leistungen vielfältige Möglichkeiten der Einflussnahme. So wird nicht nur Werbung individualisiert und damit Konsumverhalten gelenkt. In viel weitreichender Weise werden – unbemerkt – Informationsinhalte gesteuert und damit Meinungsbildung manipuliert. Die Krise der Printmedien ist nicht nur eine technologische Krise. Sie ist zuallererst eine Krise der Umformung von Macht.

Das Verfügungsobjekt der Psychomacht ist die Zukunft (vgl. Han 2015). Geht es bei der Disziplinarmacht noch um die Steuerung des „Sollens", so fokussiert die Psychomacht das „Können" (vgl. Han 2015, S. 10) und „Wollen". Nicht die Frage nach dem „nicht Dürfen" steht im Mittelpunkt, sondern der Multi-Optionenraum des „alles ist möglich". Leitsätze der Psychomacht sind demzufolge „nichts ist unmöglich" (Toyota), „Yes, we can!" (Obama) und „wir schaffen das!" (Merkel). Die Psychomacht hat damit perspektivischen, zukunftsgerichteten Charakter.

Der Optionenraum der Psychomacht konstituiert den Entscheidungszwang zur Selbstdefinition (vgl. Ehrenberg 2009). Wenn alles möglich ist, sehe ich mich gezwungen, mich selbst zu definieren. In der Feudalzeit wurde das Selbst vom Herrscher bestimmt. In Disziplinarmachtverhältnissen definiert die Leistung das Selbst. Ich bin, was ich leiste. Wo alles möglich ist, fällt diese Option weg. In Psychomachtverhältnissen definiere ich mich selbst. Die Psychomacht ist daher selbstinventiv. Feudalmacht, Disziplinarmacht und Psychomacht sind also sehr unterschiedliche Formen von Macht. Sie induzieren gleichzeitig ganz unterschiedliche Ausprägungen von Beziehungsformen. Diese Zusammenhänge werden im nachfolgenden Kapitel eingehender beleuchtet.

3.2. Ausprägung von Beziehungsformen in unterschiedlichen Machtausprägungen

Entlang der verschiedenen Beziehungsformen (vgl. Sell 2009) werden die unterschiedlichen Ausprägungen von Beziehungsgestaltung in den Machtformen deutlich. Dabei ist vor allem der in der Einleitung angesprochene aktuelle Wandel von der Disziplinarmacht zur Psychomacht interessant. In der zeitgenössische Diskussion - insbesondere in organisationsrelevanter Literatur - findet aus unserer Sicht derzeit ein Überstrahleffekt statt, der die Heilsbringung „neuer" Organisationsformen durch Abschaffung von Strukturen der Disziplinarmacht feiert ohne dabei die herausfordernden Aspekte der Psychomacht zu würdigen und damit ein differenziertes Bild zu malen.

Die Beziehungsform des Ich-du (die Fähigkeit, vertrauensvolle Beziehungen zu gestalten mit einer gesunden Regulierung von Nähe und Distanz) zeigt sich in der Feudalmacht noch in einer großen und bewusst geschaffenen Distanz. Es geht darum, eher größtmöglichen Abstand zwischen „oben" und „unten" zu schaffen und die Berührungspunkte so gering wie möglich zu halten. In der Disziplinarmacht wird Nähe reguliert durch die Ausgestaltung eines Über- und Unterstellungsverhältnisses. Es entscheidet in der Regel die individuelle Präferenz des Führenden die

Art dieser Ausgestaltung, dabei kann es sehr wohl zu einer vertrauensvollen Beziehung und bewusst gestalteten Nähe bzw. Distanz kommen. In der Psychomacht wird der bilaterale oder multilaterale Aushandlungsprozess qua fehlender externer Instanz zunehmend durch die Notwendigkeit ersetzt, aus sich selbst heraus Nähe und Distanz zu regulieren. Die vermeintliche „Freiheit" in der Beziehungswahl und die damit verbundenen häufigen Veränderungen verlagern die Auseinandersetzung in den intrapsychischen Prozess. Das bedeutet, dass der Einzelne sich idealerweise in jeder seiner Beziehungen bewusst damit auseinandersetzt, wie er Nähe und Distanz regulieren möchte bzw. wie umfangreich er Vertrauen in den gewählten Beziehungen leben will.

Die Beziehungsform des Ich-es-du (die Fähigkeit zum kooperativen Handeln) wurde in der Feudalmacht mechanistisch strukturiert. Das „es" - also der Inhalt der Zusammenarbeit - ist sehr klar definiert und abgegrenzt, entsprechend sind die Handlungsoptionen zur Kooperation stark limitiert und ritualisiert. In der Disziplinarmacht wird kooperatives Handeln maßgeblich über Strukturen definiert (z.B. Aufbau- und Ablauforganisation, Rollenkonzepte, Verantwortlichkeiten) bzw. festgelegt. Die Mächtigen besitzen dabei die Deutungshoheit, also legen de facto fest, wie groß der jeweilige Rahmen ist innerhalb dessen Kooperation stattfinden kann. Dieser kann individuell und situativ unterschiedlich groß ausfallen. Der Wandel in die Psychomacht ist davon geprägt, dass Kooperation weniger - oder idealisiert gar nicht - in definierten und strukturierten Bahnen verläuft. Vielmehr wird hier Kooperation bedarfsorientiert ausgedrückt. In einer bestimmten Lebensphase sind interessengeleitete Kooperationen und Zugehörigkeiten zu bestimmten Gruppen sehr intensiv gestaltet. Wenn der Bedarf bzw. das Interesse sich reduziert oder gar verschwindet, drückt sich dies ebenso im Bedarf bzw. dem Interesse an Kooperation aus. Dies kann auch zum Abbruch bestehender und dem Aufbau neuer Beziehungen aus dem Kooperationsbedarf herausführen.

Die Beziehungsform des Ich-Ich (die Fähigkeit zur Selbstreflexion) ist in Systemen der Feudalmacht nicht ausgeprägt, da sie aufgrund der signifikanten Abhängigkeitsbeziehung weder existenziell notwendig ist noch von den Mächtigen gewünscht bzw. sogar gefürchtet wird. In der Disziplinarmacht werden, in gesunden Strukturen, Reflexionsprozesse angestoßen bzw. zumindest durch die Mächtigen Rückmeldungen gegeben, die die Fähigkeit zur Selbstreflexion unterstützen, bspw. im Rahmen von Mitarbeitergesprächen oder Feedbackprozessen. In ungesunden Formen wird Selbstreflexion eher unterdrückt. Auch wenn Menschen zunehmend lernen, sich selbst zu reflektieren finden im Kontext der Disziplinarmacht die Anstöße dazu häufiger von außen statt als aus sich selbst heraus. In der Zeit der Psychomacht findet auch hier eine Internalisierung statt. Externe Impulse werden eher weniger und gleichzeitig die Beziehungsmöglichkeiten vielfältiger. Um selber in der Lage zu sein, gut mit sich selbst und mit der Beziehungsvielfalt bewusst umzugehen, ist ein hohes Maß an meta-reflexiven Fähigkeiten erforderlich. Erst dadurch gäbe es die Möglichkeit, sich durch sozusagen immanente Reflexion der eigenen Situation durch das „Meer der Optionen" zu navigieren. Unseres Erachtens wächst in Summe die Fähigkeit der Menschen, sich zu reflektieren. Gleichwohl entwickelt sich dies nicht in gleichem exponentiellen Maße wie der Optionenraum.

Die Beziehungsform ich-oder-du (die Fähigkeit zu Auseinandersetzung und Konflikt) sind in der Feudalmacht ebenfalls unterrepräsentiert. Eindeutige Zuordnungen limitieren den Wettbewerb, Konflikte sind eher entlang von Inhalten vordefiniert denn als Beziehungsmuster erlaubt. In der Disziplinarmacht wird Auseinandersetzung im Sinne von Wettbewerb eher positiv im Rahmen der Leistungsorientierung konnotiert. Auseinandersetzungen auf der Beziehungsebene dagegen werden eher abgewertet bzw. vermieden. In der kognitiven Bewusstheit der Relevanz wird dennoch versucht, Konflikte über Strukturen zu lenken (z.B. Entscheidungsregeln, Verhaltensvereinbarungen, Eskalationsprocedere etc.). Gleichzeitig besteht nur eine begrenzte Möglichkeit des Ausweichens, da die Beziehungen disziplinarisch strukturiert sind. In der Zeit der Psychomacht mit eher temporären Zugehörigkeiten besteht die Option, sich Auseinandersetzungen und Konflikten konstruktiv zu stellen oder sie sogar herbeizuführen. Ebenso besteht allerdings die Möglichkeit, diesen auszuweichen und ggf. lieber einen Beziehungsabbruch statt eine Auseinandersetzung zu forcieren.

Die Beziehungsform der Nicht-Beziehung (die Fähigkeit zur Abgrenzung) geschieht in der Feudalmacht durch Andere, d.h. die Mächtigen bestimmen, wie Abgrenzung gelebt wird bzw. diese erlaubt wird. In der Disziplinarmacht findet Abgrenzung wiederum als Ergebnis eines Aushandlungsprozesses statt. Dieser kann, muss aber nicht, einseitig dominiert sein, was einer konstruktiven Beziehungsgestaltung entspricht. Durch den Anderen bin ich bis zu einem gewissen Maße gezwungen, in diesen Aushandlungsprozess zu gehen, um Abgrenzung zu erreichen. Im Gegensatz zur Feudalmacht habe ich in der Disziplinarmacht bereits die Möglichkeit des Beziehungsabbruchs als letzte Konsequenz der Abgrenzung zu Anderen. Ähnlich wie in der Beziehungsform des ich-oder-du verlagert sich in der Psychomacht auch diese Beziehungsform in den intrapsychischen Prozess aufgrund der fehlenden Verbindlichkeit, den Anderen als zwangsläufigen Partner in einem Aushandlungsprozess zu akzeptieren. Es verbleibt nur die Möglichkeit, sich selbst zu entscheiden, wo man sich in welcher Form abgrenzt. So verführerisch es klingen mag, dies jederzeit selbst entscheiden zu können obliegt dem gleichzeitig die Verpflichtung. Die Gefahr, sich zu verzetteln, auf vielen Hochzeiten gleichzeitig unterwegs zu sein und dabei Energie zu verlieren, ist verhältnismäßig groß. Entsprechend braucht es hier, sozusagen als Voraussetzung, überhaupt erst mal die internalisierte Fähigkeit, sich bewusst für und gegen Abgrenzung zu entscheiden.

Die Beziehungsform der Pseudo-Beziehung (die Fähigkeit zum Umgang mit Widersprüchen) ist in der Feudalmacht quasi nicht erforderlich, da Widersprüche weitgehend vermieden und durch Eindeutigkeit ersetzt werden. Es ist ein Gedanke der Feudalmacht, dass die Eindeutigkeit dazu führt, Widerstand zu vermeiden. In der Disziplinarmacht führen Widersprüche und Mehrdeutigkeiten in der Regel zu Auseinandersetzungen über „richtig" und „falsch", im konstruktiven Sinne als Dialog, ansonsten als Diskussion. In letzter Instanz liegt wiederum bei den Mächtigen die Deutungshoheit. Mehrdeutigkeiten werden versucht, über Strukturen eindeutiger zu machen. In der Psychomacht werden Mehrdeutigkeiten als parallele und damit ko-existierende Alternativen sichtbar. Im Sinne fehlender Deutungshoheit sind sie für den einzelnen alternativ zu deuten bzw. es besteht die Notwendigkeit, sich selbst zu entscheiden, welcher Perspektive man folgt.

Die Ausprägungen der Beziehungsformen in den jeweiligen Machtsystemen sind in der folgenden Tabelle noch einmal gegenübergestellt.

30

Beziehungsform	Feudalmacht	Disziplinarmacht	Psychomacht
Ich - du	Große, bewusst geschaffene Distanz	Regulierte Nähe, individuell unterschiedlich ausgeprägt	Selbst definierte Nähe-Distanz Regulation
Ich - es - du	Mechanistisches, limitiertes Handeln im Kontext eines klar definierten „Es"	Aushandlungsprozesse in vorgegebenem Rahmen, Deutungshoheit des Prozesses über Struktur und Hierarchie	Bedarfsorientierte, temporäre Zugehörigkeiten und Kooperationen
Ich - ich	Nicht ausgeprägt, da nicht erwünscht bzw. existenziell notwendig	Teilbewusste Reflexions-prozesse, Anstoß für Spiegelung / Rückmeldung auch vom Selbst aber eher durch Andere (vor allem Führung)	Ausgeprägte meta-reflexive Prozesse zur Selbststeuerung
Ich - oder - du	Eindeutige Zuordnungen strukturieren limitierten Wettbewerb und Konflikte	Festgelegte Strukturen und Prozesse zum Umgang mit Wettbewerb und Konflikten (z.B. Eskalationsprocedere)	Option, sich in Wettbewerb und Konflikte zu begeben oder diesen auszuweichen bis zu Beziehungsabwendung
Nicht-Beziehung	Abgrenzung geschieht durch Andere	Abgrenzung als Ergebnis von Aushandlungsprozessen	Selbst entschiedene Abgrenzung
Pseudo-Beziehung	Widersprüche werden nicht zugelassen	Mehrdeutigkeit führt zu Auseinandersetzung, Deutungshoheit über „Richtig" und „Falsch" durch Struktur und Hierarchie	Ko-existenz vielfältiger Sinn-Perspektiven

Tabelle 2: Ausprägung von Beziehungsformen in unterschiedlichen Machtausprägungen (Quelle: eigene Darstellung)

31

In Summe wird folgendes deutlich. Alle Beziehungsfähigkeiten sind in der Feudalmacht eher unterausgeprägt. Dies erschließt sich aus der fehlenden Notwendigkeit bzw. dem Anspruch der Mächtigen, die Art der Beziehung maximal selbst zu gestalten. Dabei wird in der Regel die Beziehung zu Untergebenen auf die minimal notwendigen Formen der Beziehungsgestaltung reduziert, da eine Auseinandersetzung mit dem Anderen als nicht hilfreich bzw. sogar gefährlich verstanden werden kann. Es ist dennoch auch in dieser Machtstruktur und mit der geringen Ausprägung der Beziehungsfähigkeiten möglich, Beziehungen konstruktiv zu gestalten, wenn die Mächtigen dies denn im Blick haben.

Die Disziplinarmacht ist von der Reibung am Anderen gekennzeichnet. Es besteht nach wie vor ein strukturell angelegtes Gefälle zwischen dem Mächtigen und dem weniger Mächtigen. Gleichwohl zwingt es dadurch beide, die Art der Beziehungsgestaltung in dem vorgegebenen Rahmen über Aushandlungsprozesse zu gestalten. Dies kann wiederum in konstruktiver wie destruktiver Form geschehen. Die Art wird auch in der Disziplinarmacht noch von den Mächtigen maßgeblicher beeinflusst, gleichzeitig hat der weniger Mächtige die Möglichkeit, sich abzugrenzen bis zum Beziehungsabbruch. Von daher sind beide viel mehr aufeinander angewiesen.

In der Psychomacht fehlt die Instanz der Mächtigen und gleichzeitig entwickelt sich ein Multi- Optionen-Raum zu Handeln und Beziehungen zu gestalten. Dies bringt einerseits Freiheit mit sich, erfordert aber gleichzeitig die Möglichkeit des Einzelnen, mit dieser Freiheit gut bzw. für sich gesund umzugehen. Das Fehlen der formell Mächtigen zwingt dazu, Beziehungsfähigkeiten zu internalisieren und stellt damit viel höhere Anforderungen an den Einzelnen im Hinblick auf die Art der Beziehungsgestaltung. Ich kann jederzeit neue Beziehungen eingehen, mich zurückziehen, Beziehungen abbrechen und neue aufleben lassen. Was einerseits verführerisch ist und gleichzeitig die Gefahr birgt, ebenso wichtigen Notwendigkeiten, wie Nähe, Konflikten und Abgrenzung aus dem Weg zu gehen. Gleichzeitig ist jede Beziehungsfähigkeit für sich genommen relevant, um Beziehungen gesund zu leben.

Im Modell der Autonomie betrachtet bedeutet dies folgendes:

- Bewusstheit wird in der Feudalmacht durch das eigene Rollenverständnis stark eingegrenzt. In der Disziplinarmacht besteht eine ausgeprägtere Beobachtungsfähigkeit, Bewusstheit wird aber beschränkt durch Regularien und Rahmen. In der Psychomacht besteht die Bewusstheit über die Existenz und Bedeutung unterschiedlicher Perspektiven. Die Einschränkung der Bewusstheit verlagert sich damit einseitig in die Fähigkeit des Individuums.
- Spontaneität wird in der Feudalmacht nicht gewünscht und nicht gefördert bzw. unterbunden. In der Disziplinarmacht besteht ein kategorialer Raum von Alternativen zwischen denen Entscheidungsoptionen bestehen. In der Psychomacht existiert ein Multi-Optionen-Raum von Alternativen mit „Zwang" zur weitgehend bewussten Entscheidung, die ebenfalls beim Individuum selber liegt.
- Intimität ist in der Feudalmacht geprägt durch eine hohe, stark ritualisierte Distanz mit klar definierten Zuwendungsmustern. In der Disziplinarmacht wird Nähe reguliert, es besteht ein teilbewusster Umgang mit Zuwendung, gleichzeitig steigt auch die "Spielanfälligkeit" zur Befriedigung eigener Bedürfnisse. In der Psychomacht kann sich Intimität im guten Sinne über Authentizität und damit das erkennen

und äußern von eigenen Bedürfnissen und denen der Anderen entwickeln. Andererseits droht ein Verlust an Intimität durch eine oberflächliche, temporäre und fragile Beziehungsgestaltung, die von einseitiger Bedürfnisbefriedigung geprägt ist.

Es bleibt festzuhalten, dass die Bedeutung der Machtformen für den Einzelnen signifikante Auswirkungen hat und es eine differenzierte Sicht braucht, wie eine konstruktiven Beziehungsgestaltung in den jeweiligen Machtformen konstruktiv gelingen kann. Dies wird im folgenden Kapitel betrachtet.

4 Macht und ihre Bedeutung für das Individuum

Disziplinarmacht und Psychomacht unterscheiden sich deutlich in ihrer Bedeutung für das Individuum (vgl. auch Tabelle 3). *Disziplinarmacht* ist prohibitiv, protektiv und repressiv (vgl. Han 2015, S. 26). Sie ist erkennbar an Verboten, Richtlinien, Reglementierungen (prohibitiver Charakter der Macht), dem Bekunden von Schutzinteressen (protektiver Charakter) und der Androhung von Konsequenzen, Strafen und Sanktionen bei Nichtbeachtung (repressiver Charakter). In ihrer Vielschichtigkeit und ihren Ausprägungen ist die Disziplinarmacht insbesondere von Foucault beschrieben worden (vgl. z.B. Foucault 1976).

Menschen, die sich auf Disziplinarmacht-Beziehungen einlassen, sind daher gut beraten, die wechselseitigen Rechte und Pflichten der Beziehung, also deren Bedingungen vorab genau anzuschauen und abzuwägen. Im Sinne einer erwachsenen ich-du-Beziehung (vgl. Sell 2009) können Disziplinarmacht-Beziehungen autonom gestaltet werden. Das setzt voraus, dass die Beziehungspartner sich freiwillig und nicht unter Druck aufeinander

34

einlassen und jeweils Wahlmöglichkeiten bestehen, sich alternativ zu entscheiden. Im transaktionsanalytischen Sinne meint dies, Optionen zu haben. Im Ergebnis konstituieren Disziplinarmacht-Beziehungen folglich gewählte Formen von – i.d.R. wechselseitigen - Abhängigkeiten.

Aufgrund der bereits in Kapitel 2.1. beschriebenen Merkmale macht die Disziplinarmacht gefügig. Sie produziert typischerweise folgsame Gehorsams- oder rebellierende Widerspruchssubjekte. Insbesondere der rebellierende Widerspruch scheint seit einiger Zeit zuzunehmen. Beispiele hierfür sind der starke Anstieg von Verwaltungsrechtsklagen etwa von Hartz IV-Empfängern vor Sozialgerichten. Dieser zunehmende Widerspruch indiziert die Problematik vieler Disziplinarmacht-Beziehungen, die als ungerecht und einseitig dominierend empfunden werden.

In dieser unausgeglichenen Form führt Disziplinarmacht zu disziplinierter Fremdausbeutung. In diesem Fall ist die Verantwortung zwischen den Beziehungspartnern nicht ausgewogen. Der bzw. die Mächtigen übernehmen typischerweise zu viel Verantwortung (etwa für die Strukturierung der Beziehung, der Vorgabe von Leistungsstandards, der Festlegung von Ergebnissen sowie von Sanktionen). Die Beziehungspartner werden dadurch entweder dazu gedrängt oder eingeladen, ihrerseits zu wenig Verantwortung zu übernehmen (etwa durch die Einschränkung von Handlungsoptionen, der Beschränkung individueller Freiheit oder der Strukturierung von Prozessen, die Individualität und Kreativität einschränken).

Im Ergebnis entstehen in diesen Fällen symbiotische Anpassungsbeziehungen. Charakteristisch hierfür sind innere Dialoge der Angepassten zwischen empfundenen „Sollen" und eigenem „Wollen". Transaktionsanalytisch formuliert ist dies der innere

Konflikt zwischen kritisch-elterlichen sowie angepasst-kindlichen Anteilen (bzw. im Fall von Widerspruch rebellisch-kindlichen Anteilen).

Von gänzlich anderer Bedeutung für das Individuum ist die *Psychomacht*. „Foucaults Disziplinargesellschaft aus Spitälern, Irrenhäusern, Gefängnissen, Kasernen und Fabriken ist nicht mehr die Gesellschaft von heute. An ihre Stelle ist längst eine ganz andere Gesellschaft getreten, nämlich eine Gesellschaft aus Fitnessstudios, Bürotürmen, Banken, Flughäfen, Shopping Malls und Genlabors. Die Gesellschaft des 21. Jahrhunderts ist nicht mehr die Disziplinargesellschaft, sondern eine Leistungsgesellschaft. (...) Das entgrenzte Können ist das positive Modalverb der Leistungsgesellschaft. (...) An die Stelle von Verbot, Gebot oder Gesetz treten Projekt, Initiative und Motivation. Die Disziplinargesellschaft ist noch vom Nein beherrscht. Ihre Negativität erzeugt Verrückte und Verbrecher. Die Leistungsgesellschaft bringt dagegen Depressive und Versager hervor." (Han 2014, S. 19 f.).

Byung-Chul Han beschreibt die Psychomacht als permissiv, prospektiv und projektiv (Han 2015, S. 55). Das Individuum fühlt sich frei, zu tun, was es will (permissiver bzw. erlaubnisgebender Charakter der Macht). Die damit verbundene Gestaltungsfreiheit wird i.d.R. als Optionenraum und Möglichkeit des Selbstausdrucks verstanden (prospektiver Charakter). Und sie ermöglicht pilotierendes und projekthaftes Ausprobieren (projektiver Charakter). Selbst das Scheitern ist als Option zunehmend opportun (vgl. z.B. Wecker 2009 oder fuckups.de).

Ist die Disziplinarmacht von der „Negativität des Sollens" (Han 2014, S. 21) geprägt, so ist die Psychomacht charakterisiert durch die „Positivität des Könnens" (ebd.). Unter dem Einfluss

von Psychomacht begeben sich Menschen freiwillig in Abhängigkeiten, weshalb diese Form der Macht subtiler, also weniger bewusst, ist als Disziplinarmacht.

Die negativen Wirkungen der Psychomacht zeigen sich in der Er-
schöpfung des Selbst (vgl. Ehrenberg 2008) oder dem Nicht-
mehr-können-können (vgl. Han 2014, S. 23). Beides wird sichtbar beispielsweise in Depressionen oder Burnout. Ursache hierfür sind deutlich eingeschränkte Fähigkeiten zur Selbststeue-
rung. Sie gehen i.d.R. einher mit dem Rückzug aus dem sozialen
Raum, wodurch der immanente Charakter der Psychomacht besonders deutlich wird. Sie ist die Grundlage von Bindungsarmut
und bewirkt eine „Fragmentierung und Atomisierung des Sozialen" (Han 2014, S. 22) i.S.v. „jeder für sich, anders und allein".

Die Mächtigen im System der Psychomacht sind einerseits *die
verborgen Mächtigen*, die unbemerkt Einfluss nehmen. Ein Beispiel hierfür ist die verdeckte Beeinflussung von Kommunikation
im Internet auf Basis zuvor freiwillig zur Verfügung gestellter
Nutzerinformationen. Andererseits sind es *die freiwillig verehr-
ten Mächtigen*. Ein Beispiel hierfür sind die Vorstände oder Geschäftsführer von Organisationen, deren Werten sich Menschen
verpflichtet fühlen und für die sie sich bereitwillig über ihre
Grenzen hinweg einsetzen und dabei selbst ausbeuten. Besonders gefährdet scheinen hier auch Mitarbeiter sozialer und kirch-
licher Dienste.

In beiden Fällen werden bestimmte Aspekte der Wirklichkeit
nicht wahrgenommen. Sie werden ausgeblendet bzw. abgewertet. Innerpsychisch ist das gleichbedeutend mit einer zumindest
partiellen Selbstentfremdung im Sinne eines wahrnehmungsbe-
dingten Kontaktverlustes zu sich selbst. Transaktionsanalytisch
formuliert glaubt das Kind im Kind (K_1), alles sei möglich (Illusion
der Grandiosität) und der Elternteil im Kind (EL_1), es gebe keine

Grenzen (positivistisches Vorurteil). Tabelle 3 fasst diese Zusammenhänge zusammen.

	Disziplinarmacht	Psychomacht
Basis	Negativität des Sollens: nein, du darfst nicht, du sollst …!	Positivität des Könnens: ja, du kannst, du entscheidest …!
Kernmerkmale	Prohibitiv, protektiv, repressiv	Permissiv, prospektiv, projektiv
Machtverteilung	Ungleichverteilung von Verantwortung: +/- -/+ der/die Mächtige: zu viel der/die Angepasste: zu wenig	Gemeinschaft der positivistischen Selbstausbeuter: „+"/+ „+"/+ Nichts ist unmöglich Yes, we can Wir schaffen das!
Machtwirkungen	macht gefügig angepasstes Gehorsamssubjekt Disziplinierte Fremdausbeutung	macht abhängig diszipliniertes (!) Leistungssubjekt Freiwillige Selbstausbeutung
Machtbeziehung	Anpassungsbeziehung dem/der Mächtigen gegenüber Gleichzeitig viele innere Dialoge (kEL – aK bzw. rK) aufgrund der Spannungen zwischen „Wollen" und „Sollen"	Selbstentfremdung: Kontaktverlust zu sich selbst i.V.m. Abwertungen Das Kind im Kind (K$_1$) glaubt, alles sei möglich (Illusion der Grandiosität) Der Elternteil im Kind (EL$_1$) glaubt, es gebe keine Grenzen (positivistisches Vorurteil)

Tabelle 3: Macht und ihre Bedeutung für das Individuum (Quelle: eigene Darstellung, teilweise auf Basis von Han 2014)

Im nachfolgenden Kapitel wird nun die Bedeutung von Macht für die Organisation näher beleuchtet.

5 Macht und ihre Bedeutung für die Organisation

Es gibt eine zeitgenössische lebhaft geführte Diskussion zu neuen Organisationsgedanken mit Begrifflichkeiten wie zum Beispiel „clue organization", „holistische Organisation", „floating organization" usw. Es wird versucht, Antworten darauf zu geben, wie zukünftige Organisationen aussehen werden, vielfach basierend auf der Grundidee weitgehend selbst organisierter Systeme.

Interessanterweise werden diese Antworten nach wie vor häufig aus strukturellen bzw. konstituierenden Gedanken gespeist und wecken explizit oder zumindest implizit den Eindruck, Hierarchie und damit auch Führung würde weitgehend in den Hintergrund rücken. Laloux schreibt beispielsweise in seinem Buch Reinventing organizations „die pluralistische Perspektive tut sich schwer mit Macht und Hierarchie. Idealerweise würde sie gerne beides vollkommen vermeiden" (Laloux 2015, S. 31) Hier wird beispielhaft die zunächst verständliche Sehnsucht deutlich, sich von hierarchischen einengenden Strukturen zu befreien. Interessanter Weise wird damit häufig auch die - aus unserer Sicht - Illusion verbunden, mit dem (Ver)schwinden struktureller Definitionen z.B. über Organigrammen würden sich damit auch Machtverhältnisse auflösen bzw. es würden an der Stelle frei gewählte und jederzeit sinnvoll lösbare Abhängigkeitsbeziehungen entstehen. Sogar die Abwesenheit von Führung wird positiv postuliert.

Und auch in praxi bestehen bereits etliche konkrete Beispiele organisationaler Strukturen, die vermeintlich ohne Führung auskommen. Vermeintlich daher, weil hiermit zunächst formelle Führung im Sinne von Disziplinarmacht gemeint ist. Auch in diesen Strukturen wird jedoch das deutlich, was schon Glasl und Lievegoed in ihrem Modell der Organisationsentwicklungsphasen deutlich gemacht haben (vgl. Glasl & Lievegoed 2011, S. 61-159). Wenn Organisationen sich entwickeln und wachsen, kommen sie ganz natürlich an neue Herausforderungen im Sinne von Effektivitätsgrenzen. Solange vier bis fünf Menschen „hierarchiefrei" um Entscheidungen ringen, mag das gut gehen, werden es zwanzig, stellt sich eine andere Herausforderung im Hinblick auf Geschwindigkeit. Interessanterweise wird dann nach prozessualen Alternativen gesucht, die sich dann erneut in Regeln niederschlagen.

Wie oben beschrieben befinden wir uns im Übergang der Disziplinarmacht zur Psychomacht. Was daher bei der Diskussion häufig außer Acht gelassen wird, sind die Schattenseiten einer Freiheit, die in den obigen Kapiteln insbesondere zu den Beziehungsfähigkeiten beschrieben ist. Es fehlt u.E. zum einen an einer entsprechend differenzierten Diskussion, zum anderen ist die erneut stark strukturell diskutierte Dimension neuer Organisationsformen nicht hinreichend aussagefähig.

Entsprechend sehen wir in der Auseinandersetzung und der Exploration neuer Organisationsformen keine Heilsbringung per se. Es ist sichtbar, dass sich individuelle und gesellschaftliche und damit auch organisationale Dynamiken verändern. Ebenso ist nachvollziehbar, dass formelle Formen von Führung und Hierarchie vermehrt in Frage gestellt werden. Dies ist jedoch nicht gleichzusetzen mit dem Verschwinden derselben sondern ist eher Ausdruck einer Verschiebung von formellen zu informellen Formen. Führung wird impliziter und findet ihren Ausdruck eher in der Form, wie Beziehung gestaltet wird. Auch in einer Gruppe formal Gleicher in einem dialogischen Auseinandersetzungsprozess wird dieser von den inneren Bildern der Protagonisten gespeist, wer aus der Gruppe der Kompetenteste, der Charismatischste oder der Durchsetzungsstärkste ist. Entsprechend wird die Qualität des expliziten „Bildabgleichs" zwischen den Beteiligten die Effektivität der Gruppe bestimmen, was ebenso skalierbar für Organisationen ist und ungeachtet konkreter struktureller Gestaltung läuft. Anders gesagt, die Qualität der Beziehungsgestaltung wird immer entscheidender.

Entsprechend bleibt die Macht an sich erhalten, sie verteilt sich anders und erscheint anders. Insbesondere vor dem Hintergrund der individuellen Verlagerung vom inter- zum intrapsychischen Prozess. Interessanterweise schreibt Laloux: „In der postmodernen pluralistischen Perspektive ist die weitverbreitete Metapher die Familie" (Laloux 2015, S. 34-35). Das finden wir insofern faszinierend, als das damit eine Metapher verwendet wird, die in positiver Konnotation mit Vertrauen, gesunder Nähe und gutem Miteinander assoziiert wird. Gleichwohl ist die Familie ein impliziter und in Teilen auch deutlich explizit gestalteter Machtraum.

Weiterhin wird es nach wie vor bzw. sogar vermehrt eine unglaubliche Vielfalt an organisatorischen Systemen mit unterschiedlichsten Aufgaben, Kulturen und Situationen geben. Dafür braucht es ebenso nach wie vor ganz unterschiedliche Lösungen, auch in der Ausgestaltung von Struktur, Hierarchie, Führung und damit auch Macht. Gefängnisse haben andere Anforderungen als Werbeagenturen, Kirchen andere Herausforderungen als politische Parteien. Was sie eint, ist die Frage danach, wie die Menschen in diesen Organisationen möglichst effektiv und wirksam gemeinsam arbeiten können. Die Antwort darauf ist strukturell unterschiedlich und auf Beziehungsebene ähnlich.

Die Kernfrage ist u.E. also nicht die Illusion von „Machtfreiheit" sondern die größtmögliche konstruktive Nutzung von Macht über die Gestaltung von Beziehung. Was das bedeuten kann, wird im folgenden Kapitel dargestellt.

5.1. Optionen zur konstruktiven Machtgestaltung

Wir haben zunächst entlang der Ebenen der Abwertungsmatrix die möglichen Formen konstruktiver und destruktiver Machtgestaltung gegenübergestellt (siehe nachfolgende Tabelle 4). Daraus ergeben sich entsprechend Notwendigkeiten für persönliche und organisatorische Entwicklungsprozesse, um gerade den negativen Aspekten der Psychomacht entgegenzuwirken.

Ebene	Destruktive Machtgestaltung	Konstruktive Machtgestaltung
Existenz	Ausblendung anderer Sichten und Durchsetzen der eigenen Deutungs-hoheit für den Problemin-halt.	„360° Blick" auf unterschiedliche Perspektiven aller relevanten Bedürfnisgruppen
Bedeutung	Polarisierende und Ich-zentrierte Betrachtung der Problembedeutung entlang des eigenen Bezugsrahmens.	Differenzierte Betrachtung der Konsequenzen der Problemlösung
Lösung	Durchsetzen der favorisierten Lösungs-perspektive unter Wahrung der eigenen Interessen	Bewusste Entscheidung unter Berücksichtigung der Art der Organisation, ihrer Kultur und der konkreten Situation

Ebene	Destruktive Machtgestaltung	Konstruktive Machtgestaltung
Persön-licher Beitrag	Einnahme von Über- oder Unterverantwortungspo-sitionen	Die Macht im Sinne von Potenz und Ressourcen-haftigkeit effektiv zum Einsatz bringen

Tabelle 4: Formen destruktiver und konstruktiver Machtgestaltung entlang (Quelle: eigene Darstellung)

Wie schon vorher beschrieben, sind vor allem meta-reflexive Kompetenzen maßgeblich als Steuerungsgröße des Selbst und des Kollektivs:

- auf der Existenzebene: die Entwicklung einer ausgeprägten Fähigkeit zur „ungetrübten" Beobachtung
- auf der Bedeutungsebene: die Entwicklung einer ausge-prägten Fähigkeit zur „ungetrübten" Selbstreflexion und Konfrontation anderer
- auf der Lösungsebene: die Entwicklung einer ausgeprägten Fähigkeit, Einzelbedürfnisse und kollektive Interessen zu balancieren
- auf der Ebene des persönlichen Beitrags: die Entwicklung einer ausgeprägten Fähigkeit, Stärken und Schwächen bei sich und anderen wahrzunehmen, zu akzeptieren und res-sourcenorientiert zu nutzen.

5.2. Die Gestaltung von Beziehungen als Entwicklungsperspektive konstruktiver Macht in Organisationen

Organisationen können für die Entwicklungsperspektive kon-struktiver Macht Interventionen in den Fokus nehmen, die auf eine entsprechende Gestaltung von Beziehungen abzielen (siehe Abbildung 1).

Abbildung 1: Beziehungskompetenzen als Entwicklungsheraus-forderung konstruktiver Macht in Organisationen (Quelle: eigene Darstellung)

Für die Entwicklung der *Beziehungsform des Ich-Du (die Fähigkeit, vertrauensvolle Beziehungen zu gestalten mit einer gesunden Regulierung von Nähe und Distanz)* bedeutet das vor allem

- zunehmend informelle, nicht vorstrukturierte Zeit im Dialog miteinander zu verbringen entlang der Themen und Inhalte, die sich aus der Zusammenkunft ergeben
- den Rahmen für eine gesunde Regulation von Nähe und Distanz bereit zu stellen, der mögliche Verletzungen reduziert. Das bedeutet, eine Kultur zu schaffen, in der verschiedene Formen von Nähe und Distanz gelebt und akzeptiert werden, ohne damit verbundene Abwertung von Menschen oder ritualisierten Zwängen.

Für die Beziehungsform des Ich-es-du (die Fähigkeit zum koope-rativen Handeln) bedeutet das vor allem

- unterschiedliche Formen von Zusammenarbeit zu er-lauben und aktiv zu fördern versus diese vorzugeben. Dies bedeutet auch Offenheit zu entwickeln gegenüber „andersartigen" Herangehensweisen
- ko-kreative Schöpfungsräume anzubieten, die dem „Lust-Sog" folgen, also nach Interesse, Wissen, Erfah-rung und auf dem Prinzip der Freiwilligkeit basieren

Für die Beziehungsform des Ich-Ich (die Fähigkeit zur Selbstre-flexion) bedeutet das vor allem:

- den originären Feedback-Prozess im Sinne eines frei-willigen, balancierten und respektvollen Rückmel-deprozesses umfassend zu schulen und WIRKLICH zu verankern, um über gelungene Verhaltensreflexionen die Selbstreflexionsfähigkeit individuell und kollektiv zu erhöhen.

Für die Beziehungsform ich-oder-du (die Fähigkeit zu Auseinan-dersetzung und Konflikt) bedeutet dies vor allem:

- dialogische Auseinandersetzungsformate ergänzend zu Diskussionen einzuführen. Diese zielen auf die Entwick-lung neuer Möglichkeiten und Optionen und die Eröff-nung von Entscheidungsräumen, geleitet vom ernsthaf-ten Interesse an der Perspektive des Anderen.

Für die Beziehungsform der Nicht-Beziehung (die Fähigkeit zur Abgrenzung) bedeutet dies vor allem

- Entwicklung von Grenzen aus sich selbst heraus vs. Strukturvorgaben. Der Versuch, Abgrenzung rein strukturell durch Festlegung von Prozessen und korrespondierenden Verantwortlichkeiten wird der realen Situation nicht gerecht, die nie vollständig abbildbar ist. Stattdessen geht es eher darum, grundsätzliche Parameter von Zusammenarbeit festzulegen, aber darüber hinaus es in die Eigenverantwortung zu legen, Abgrenzung zu ermöglichen.

Für die Beziehungsform der Pseudo-Beziehung (die Fähigkeit zum Umgang mit Widersprüchen) ist bedeutet dies vor allem

- Sinn, Orientierung und gleichzeitig Freiraum geben. In Anbetracht weiter steigender und nicht zu durchdringender Komplexität und damit verbunden der Herausforderung, genau damit umzugehen, braucht es eine gesunde Oszillation zwischen Orientierung gebenden Elementen, wie bspw. langfristigen Zielen, Mission Statements / Why etc. und Freiräumen, wie diese ausgefüllt bzw. erreicht werden. Das bedeutet vor allem, "Richtig vs. Falsch"-Diskussionen zugunsten Offenheit für die Widersprüchlichkeit aufzugeben.

6 Schlussfolgerungen

Zusammenfassend lässt sich zunächst konstatieren, dass Macht ein Beziehungsphänomen ist. Dieses Beziehungsphänomen ist nicht per se gut oder schlecht. Macht kann sich sowohl in konstruktiven wie destruktiven Formen und Mustern der Beziehungsgestaltung zeigen. Der Mythos der Machtfreiheit in persönlichen ebenso wie organisationalen Beziehungen ist eine (kindliche) Illusion. Vielmehr ist Macht in ihren Ausprägungen äußerst wandelbar, vielschichtig und dabei immer wieder auch subtil.

Besonders prekär sind Machtbeziehungen, die unter dem Postulat von Freiheit freiwillig eingegangen werden und in individueller sowie kollektiver Selbstausbeutung enden können. Sowohl individuell als auch organisational bedarf es daher einer – möglichst offenen und transparenten - Auseinandersetzung mit den konstruktiven Möglichkeiten der Machtgestaltung. Dies wiederum bedeutet vor allem einen Fokus zu legen auf die Gestaltung von Beziehungen. So verstanden kann der bewusste Umgang mit Macht helfen, individuelle Interessen zu berücksichtigen UND zugleich kollektive Perspektiven im Blick zu halten und so handlungsfähig zu bleiben - ohne Selbstaufgabe oder Selbstausbeutung.

Literatur

Berne, E. (1991): Transactional Analysis in Psychotherapy. A Systematic Individual and Social Psychiatry, 1. Aufl., New York: Groove Press

Ehrenberg, A. (2009): Das erschöpfte Selbst. Depression und Gesellschaft in der Gegenwart, 1. Aufl., Berlin: Suhrkamp

Ernst, F. H. (1971): The OK Corral: The Grid for Get-on-With, in: Transactional Analysis Journal (TAJ), Vol. 1, No. 4, pp. 231-240

Foucault, M. (1976): Überwachen und Strafen. Die Geburt des Gefängnisses, Frankfurt a.M.: Suhrkamp

„FuckUp Nights Berlin | Die Offizielle Webseite Der FUN Berlin." FuckUp Nights Berlin. N.p., n.d. Web. 09 June 2016.

Glasl, F. (2004): Konfliktmanagement. Ein Handbuch für Führungskräfte, Beraterinnen und Berater, 8. Aufl. (2004), Bern u.a.: Haupt

Glasl, F./Lievegoed, B. (2011): Dynamische Unternehmensentwicklung. Grundlagen für ein nachhaltiges Change Management, 4. Aufl. (2011), Bern: Paul Haupt und Stuttgart: Freies Geistesleben

Hagehülsmann, U./H. (2007): Der Mensch im Spannungsfeld seiner Organisation. Transaktionsanalyse in Managementtraining, Coaching, Team- und Personalentwicklung, 3. Aufl. (2007), Paderborn: Junfermann

Han, B.-C. (2014): Müdigkeitsgesellschaft, 14. Aufl. (2014), Berlin: Matthes & Seitz

Han, B.-C. (2015): Psychopolitik. Neoliberalismus und die neuen Machttechniken, 1. Aufl., Frankfurt a.M.: Fischer

Harris, T. A. (2004): Ich bin o.k. Du bist o.k. Wie wir uns selbst besser verstehen und unsere Einstellung zu anderen verändern können. Eine Einführung in die Transaktionsanalyse. 39. Aufl. (2004), Reinbek bei Hamburg: Rowohlt

Harris, A. B./ Harris, T. A. (2008): Einmal o.k. Immer o.k. Transaktionsanalyse für den Alltag, 13. Aufl. (2008), Reinbek bei Hamburg: Rowohlt

Laloux, F. (2015): Reinventing Organizations, München: Franz Vahlen

Schmid, B./Hipp, J. (1998): Macht und Ohnmacht in Dilemmasituationen. Nr. 24 der Schriftenreihe des Instituts für Systemische Beratung

Sell, M. (2009): Beziehungsformen als Element konsequenter transaktionaler Denkweise, in: Zeitschrift für Transaktionsanalyse (ZTA), 26. Jg., H. 2, S. 101 – 115

„Slogan-Ranking: Die Deutschen Lieben "Nichts Ist Unmöglich"" HORI-
ZONT. N.p., n.d. Web. 09 June 2016

Thiele, M./Korpiun, M. (2016): Wie die Ausprägung von Beziehungskompetenzen die Kulturen von Organisationen prägen. In: Lohkamp,
L./Raeck, H. (Hrsg.): Tore und Brücken zur Welt. Willkommen
in bewegten Zeiten, 1. Aufl., S. 180-200

Wecker, K. (2009): Die Kunst des Scheiterns: Tausend unmögliche
Wege, das Glück zu finden, München: Piper

Macht und Management

03

Anna Kraatz

Wissen ist Macht - ich weiß
nichts, macht nichts.

Umgang mit Information,
Einbindung und Passivität

Wissen ist Macht – ich weiß nichts, macht nichts. Umgang mit Information, Einbindung und Passivität

Anna Kraatz

Zusammenfassung

Beim BeziehungsRaumEreignis 2016 wurde im Rahmen des Work-shops zum Thema „Wissen ist Macht – ich weiß nichts, macht nichts" der Umgang mit Information, Einbindung und Passivität diskutiert. Anhand der komplementären Begriffspaare Macht/Ohnmacht und Wissen/Nichtwissen haben die Teilneh-menden auch mit Blick auf ihre ganz eigenen Bezüge aus dem beruflichen und privaten Kontext unterschiedliche Fragen und Thesen entwickelt. Das verkürzte Fazit: Ob (Nicht-)Wissen auch gleichzeitig (Ohn-)Macht bedeutet, hängt davon ab, ob und wie das (Nicht-)Wissen genutzt wird.

1 Der Titel des Workshops als Ausgangspunkt

Der Titel des Workshops nimmt Bezug auf die im allgemeinen deutschen Sprachgebrauch bekannte Sentenz „Wissen ist Macht", die auf den englischen Philosophen und Politiker Francis Bacon (1561 – 1626) zurückgeführt wird.[1] In Bacons Werk *Meditationes sacrae* von 1597 findet sich die Formulierung *„Nam et ipsa scientia potestas est"*, die in der englischen Fassung aus dem Folgejahr mit „For knowledge itself is power" (Büchmann

---

[1] Auf die Darstellung der Diskussion zu anderen Ursprüngen der For-mulierung wird nachfolgend verzichtet.

2007, S. 270) übersetzt wird. Aus der deutschen Übersetzung - „Denn Wissen selbst ist Macht" - hat sich die verkürzte Form „Wissen ist Macht" als Ausspruch eingebürgert.

Der Titel des Workshops enthält neben dieser 1. These noch eine 2. These, die der ersten wortspielerisch angefügt ist: „Ich weiß nichts, macht nichts". Der Untertitel „Umgang mit Information, Einbindung und Passivität" enthält mit einigen Schlagworten bereits einen Fingerzeig für die (mögliche) inhaltliche Ausrichtung der Diskussion.

Nachstehend sollen die beiden sich aus dem Titel des Workshops ergebenden Thesen unter Einbeziehung der wesentlichen Erkenntnisse aus dem Workshop beispielhaft diskutiert werden. Dabei wird sowohl auf individuelle Kontexte der Teilnehmenden als auch in besonderem Maße auf Fragestellungen auf der Organisations-/Unternehmensebene Bezug genommen.

2 Begriffsbestimmungen

Ausgangspunkt für die Diskussion der ersten These „Wissen ist Macht" sind zunächst die jeweiligen Begriffsdefinitionen. Ein Blick in den Duden verrät die Mehrdeutigkeit der beiden Begriffe Wissen und Macht im alltäglichen Sprachgebrauch:

Wissen bedeutet demnach einerseits „die Gesamtheit der Kenntnisse, die jemand (auf einem bestimmten Gebiet) hat" und andererseits in der Verwendung als Verb „die Kenntnis von etwas" (z. B. einer Sache, einer Person) (vgl. Duden 2004, S.1100).

Wissen und Informationen sind dabei nicht als Synonyme zu verstehen: Informationen sind als kontextgebundene Daten lediglich die Grundlage für die Entstehung von Wissen und gleichzeitig dessen Kommunikations- und Speichermedium. Wissen schafft seinerseits durch die Vernetzung von Informationen die Voraussetzung für Handlungsfähigkeit im jeweiligen Kontext (vgl. Brandner & Steininger 2016, S.5 ff.). Das jeweils passende Wissen kann auf diese Weise in Handlungen und Entscheidungen umgesetzt werden (vgl. Fuchs-Kittowski 2001, S.21).

Der Begriff „Macht" ist ebenfalls komplex und bietet diverse Interpretationsmöglichkeiten. Auf eine ausführliche theoretische Diskussion des Machtbegriffs wird nachstehend verzichtet und vielmehr eine eher vom Alltagssprachgebrauch geprägte und für die weitere Diskussion handhabbare Interpretation zu Grunde gelegt. Vorliegend soll daher Macht als die Fähigkeit oder Befugnis verstanden werden, über jemanden oder etwas bestimmen zu können (vgl. Duden 2004, 620 f.) - auch im Sinne der Möglichkeit, auf jemanden oder etwas Einfluss nehmen zu können.

3 Methodisches Vorgehen

Grundlage für die methodische Vorgehensweise bei der Moderation und insbesondere die Auswahl eines inhaltlichen Inputs für den Workshop war folgende Annahme: Die Teilnehmenden entscheiden sich für den Workshop, weil sie mit dem Titel bestimmte persönliche Erfahrungen aus dem privaten oder beruflichen Umfeld verbinden. Diese persönlichen Anknüpfungspunkte wollen sie zur Diskussion stellen oder mit den anderen teilen.

Durch den Austausch mit den übrigen Teilnehmenden wird wiederum ein persönlicher Erkenntnisgewinn ermöglicht. Ein solcher Wissenszuwachs bringt im Idealfall dann auch – der 1. These folgend – einen „persönlichen Machtgewinn" im Sinne erweiterter Handlungsmöglichkeiten mit sich.

Auf Grund einer an den Ressourcen den Teilnehmenden ansetzenden methodischen Herangehensweise wurde von einem obligatorischen Theorie-Input zur Thematik abgesehen. Es wurden vielmehr einige Inhalte zusammengestellt, die für die Teilnehmenden nur auf deren Wunsch oder bei Bedarf als Anregung für die weitere Diskussion zur Verfügung stehen sollten. Da der Workshop-Titel selbst eine bekannte Redewendung enthält, wurden vor allem weitere Zitate mit einem Zusammenhang zur Thematik gesammelt und darüber hinaus mögliche Leitfragen für die Diskussion verwendet. Auf diese wird nachfolgend nur Bezug genommen, wenn und soweit diese in der Diskussion thematisiert wurden.

4 Persönliche Verortung der Teilnehmenden

Als Einstieg in die Diskussion verorteten sich die Teilnehmenden mit ihrem persönlichen Standpunkt zu der Thematik auf zwei Skalen. Zum einen wurde der Grad der Zustimmung zur titelgebenden Redewendung „Wissen ist Macht" zwischen den Extremen „stimmt" und „stimmt nicht" abgefragt. Zum anderen wurde die individuelle affektive Assoziation unter Verwendung der Gegensätze positiv-negativ bewertet.

Abbildung 1: Einstiegsfrage – Verortung auf den Skalen Zustimmung/Ablehnung und Assoziation

Das Ergebnis der Abfrage zeigt wenig überraschend ein differenziertes Bild: Sowohl beim Grad der Zustimmung auf der y-Achse als auch bei der Assoziation auf der x-Achse wird unter den Teilnehmenden eine große Spannbreite der individuellen Einschätzungen offensichtlich. Insgesamt zeigt sich auf der y-Achse eine leichte Tendenz zur Zustimmung – extreme Ablehnung gab es unter den Teilnehmenden nicht. Die assoziative Bewertung der

1. These auf der x-Achse fällt bei der Mehrheit der Teilnehmenden neutral bis positiv aus. Lediglich 2 Teilnehmende verorten sich auf der X-Achse im Bereich der negativen Assoziation.

Auf Basis der persönlichen Verortung auf den beiden Skalen wurde die gemeinsame Diskussion eröffnet, in der zu Beginn von den Teilnehmenden die eigene Antwort auf die Einstiegsabfrage erläutert und das individuelle Interesse jedes und jeder Einzelnen an der Thematik des Workshops herausgestellt wurde. Letzteres ergab sich sowohl aus persönlichen Erfahrungen der Teilnehmenden aus dem privaten Umfeld (z. B. die Vermutung bzw. Sorge, dass die eigene – teils auch bewusste - Unkenntnis bestimmter Ereignisse von anderen als Ignoranz oder Desinteresse am „Weltgeschehen" gewertet wird) als auch aufgrund von Fragen aus dem Unternehmenskontext (z. B. wie mit der Verbreitung bewusst falscher Informationen im Unternehmen durch Führungskräfte oder Kollegen umgegangen werden kann).

Die behandelten Themen und Ergebnisse der Diskussion wurden in Form einer Mindmap visualisiert. Als zentrale Bezugspunkte der Diskussion wurden dabei die komplementären Begriffspaare Wissen – Nichtwissen und Macht – Ohnmacht verwendet.

Abbildung 2: Visualisierung der wesentlichen Diskussionspunkte und Erkenntnisse

5 „Wissen ist Macht"

Ausgehend vom Workshop-Titel wurde zunächst der Begriff des „Wissens" thematisiert. Die Teilnehmenden legten hierbei insbesondere mit Blick auf den Unternehmenskontext eine eher weite Auslegung zugrunde. Eine bewusste Abgrenzung zwischen „über Informationen verfügen" und Wissen im engeren Sinne (als Ergebnis einer Vernetzung und Verarbeitung von Informationen) wurde dabei nicht vorgenommen. Wissen wurde in diesem Zusammenhang auch im Sinne von „Kenntnis von etwas haben" verstanden. Somit entsprach die Deutung der Teilnehmenden im Wesentlichen den o. g. Ausführungen zur Begriffsdefinition von „Wissen".

In der Diskussion stellte sich zu Beginn die Frage, wie Wissen überhaupt entsteht bzw. auf welche Weise man Kenntnis von etwas erlangen, also Informationen erhalten kann.

Für den Einzelnen bedeutet Wissen im Unternehmenskontext zum einen das eigene Fach- und Methodenwissen, für dessen Generierung, Erhaltung und Erweiterung zunächst eine ganz individuelle Verantwortung besteht. Wissbegierigkeit und Neugier wurden in diesem Zusammenhang auch als wesentlicher Antreiber für den Wissenserwerb beschrieben. Im Rahmen der Diskussion wurde diese Art von Wissen darüber hinaus vor dem Hintergrund thematisiert, dass „Leuchtturmwissen" – hier verstanden als Expertentum mit Spezialwissen in bestimmten Bereichen – aus Sicht der Teilnehmenden erst durch Vernetzung im Wissensmanagement der Organisation eine „Machtwirkung" im Sinne der Titelthese entfaltet: Wenn jemand Wissen teilt, kann diese Handlung einerseits als Beziehungsangebot verstanden werden, das – wenn es angenommen und erwidert wird - Vertrauen schafft und die Bindung zwischen den einzelnen Organisationsmitgliedern stärken kann. Dies gilt umso mehr, wenn auf diese Weise gemeinschaftlich ein positives Ergebnis erzielt wird, zum einen im Hinblick auf das inhaltliche „Produkt" der Wissensvernetzung, zum anderen die Beziehung der Beteiligten betreffend.

Eine wesentlich größere Rolle spielte in der Diskussion allerdings die Erlangung von Informationen über Strukturen, Beziehungen und Prozesse (insbesondere Veränderungsprozesse) in Unternehmen. Konfliktpotenzial ergibt sich hierbei unter anderem durch unterschiedliche Grundhaltungen (vgl. Berne 2004, S.108 ff.; Hagehülsmann U./H. 2007, S. 148 ff.) bezogen auf die Zuständigkeit für die Beschaffung bzw. Bereitstellung von Informationen: Die Erwartung, Informationen von anderen Stellen oder Personen (insbesondere Führungskräften und Geschäftsführung) geliefert zu bekommen („Bringschuld"), steht der Eigenverantwortung der Beschäftigten für die Beschaffung von Informationen gegenüber („Holschuld"). Wenn dies von Mitarbeiter/-innen bemängelt wird – beispielsweise in Mitarbeiterbefragungen oder Workshops –, zeigt sich in der Beratungspraxis häufig, dass ein aktives Nachfragen nicht als eigene Handlungsmöglichkeit erkannt wird, weil z. B. die bereits angesprochene Neugier als Antreiber im organisationalen Alltag in den Hintergrund gedrängt wird bzw. eigeninitiatives Handeln aufgrund von negativen Vorerfahrungen regelrecht „verlernt" wurde. Vielmehr wird daher als Vorschlag zur Problembehebung häufig nur eine verbesserte Informationsweitergabe (z. B. in Form von Protokollen oder durch die Einführung von Kurzbesprechungen im Team) eingefordert. Dies könnte auf eine überwiegende (-/+)-Haltung gegenüber den Führungsebenen zurückzuführen sein, da diesen häufig das „Informationsmonopol" und damit auch die Verantwortung für deren Weitergabe zugeschrieben wird.

Dabei geht es nicht nur um solche Informationen, die unverzichtbar für die Erledigung der eigenen Aufgaben im Unternehmen sind (als unmittelbare Basis für die eigene Handlungsfähigkeit), sondern darüber hinaus auch um Kenntnisse übergeordneter Zusammenhänge der Organisation, die ein Verstehen des Systems ermöglichen und damit ein Gefühl der Kohärenz entstehen lassen.

So benennen Mitarbeiter/-innen vielfach das Fehlen von Informationen als ein Symptom mangelnder Kommunikation. In diesem Zusammenhang diskutierten die Teilnehmenden die häufig auftretende Frage, ob, wann und an welche Personenkreise Informationen zu den Ergebnissen laufender (Veränderungs-)Prozesse weitergegeben werden sollten. Fühlen sich Mitarbeiter/-innen zu lange „im Dunkeln gelassen", entstehen häufig Angst und Unsicherheit, weil das vorhandene Bedürfnis nach Struktur nicht erfüllt bzw. in Frage gestellt wird (vgl. Hagehülsmann U./H. 2007, S. 74 ff.). Dies kann eine Lähmung im Sinne von ungewollter Handlungsunfähigkeit bewirken und hat nicht selten geminderte Produktivität und Demotivation zur Folge. „Nichtwissen" kann in diesem Fall also tatsächlich zu gefühlter „Ohnmacht" führen, was in diesem Fall die Titelthese in umgekehrter Form bestätigt.

Im Workshop wurde als Beispiel hierfür unter anderem ein Zeitungsartikel besprochen, der die Insolvenz der Drogeriekette Schlecker zum Inhalt hatte. Letzterer wurde im Vorfeld des Workshops aufgrund der dort enthaltenen Aussage einer ehemaligen Mitarbeiterin ausgewählt, die von der Schließung ihrer Filiale erst durch die Berichterstattung in den Medien erfahren hatte (vgl. Sternhardt & Stocker 2012). Neben der Nichterfüllung des Strukturbedürfnisses wird an diesem Beispiel auch eine mangelnde Wertschätzung (also fehlende positive Zuwendung) deutlich. Verfolgt man die Berichterstattung in den Medien zu solchen oder ähnlichen Vorgängen in Unternehmen, scheint diese

Art (fehlender) Informationspolitik alles andere als eine Aus-
nahme zu sein. Nicht selten wird dadurch das Vertrauen der Mit-
arbeiter/-innen in die Unternehmensführung grundlegend er-
schüttert und eine bereits bestehende (-/+)-Grundhaltung aufs
Neue bestätigt.

Im Ergebnis wurde daher von den Teilnehmenden übereinstim-
mend die Notwendigkeit von Prozesstransparenz festgestellt:
Können inhaltliche Informationen nach Einschätzung der Unternehmensführung noch nicht an die Mitarbeiterschaft weitergegeben werden, so sollten zur Befriedigung des Strukturbedürfnisses zumindest Informationen zum aktuellen Stand zur
Verfügung gestellt werden (Wo stehen wir im Prozess? Wie geht
es weiter? Wann ist mit Ergebnissen zu rechnen?), um damit neben den o. g. Folgen auch der Entstehung von Gerüchten und
dem „Stille-Post-Phänomen" entgegenzuwirken. Hierbei wurde
vor allem die Wichtigkeit zielgruppenspezifischer Kommunikation betont („Nicht jede/r muss alles wissen").

Bei der Diskussion um den bewussten Verzicht auf frühzeitige
Informationsweitergabe in diesen Fällen wurde in der Diskussion
auch auf die Funktionsmodelle der Ich-Zustände (vgl. Hagehülsmann U./H. 2007, S.21) Bezug genommen. Aus einer fürsorgli-
chen Eltern-Ich-Haltung heraus kann der Schutz der Mitarbei-
ter/-innen vor verfrühter und ggf. unrichtiger Information zwar
durchaus gut gemeint sein, allerdings impliziert dies auch ein
„besser wissen" ((+/-)-Haltung) desjenigen, der die Information
für sich behält. Sobald es spruchreife Ergebnisse gibt, sollten
diese – auch wenn sie ggf. mit negativen Folgen für die Mitarbei-
ter/-innen verbunden sind, wie z. B. Arbeitsplatzabbau – weitergegeben werden, um jeder und jedem Einzelnen eine frühzeitige Reflexion und Reaktion zu ermöglichen. Diese
Informationsweitergabe verleiht den Beschäftigten somit auch
Macht im Sinne von Handlungsmöglichkeiten.

In der Diskussion wurden jedoch nicht nur positive Wirkungsaspekte von Wissen thematisiert. Vielmehr wurde angemerkt, dass auch ein „zu viel" an Wissen bzw. Information negative Folgen für die/den Einzelnen haben kann. Die Diskussion nahm dabei primär Bezug auf die vielfältigen Möglichkeiten, sich mit den modernen Informationstechnologien (z. B. über soziale Medien wie Twitter und Facebook sowie Eilmeldungen der gängigen Nachrichtenportale) über nahezu jedes politische, gesellschaftliche, sportliche usw. Ereignis informieren zu können. Die zunehmende Verfügbarkeit von Informationen wurde grundsätzlich zwar positiv bewertet, weil auch dies im Ergebnis die eigenen Handlungsmöglichkeiten erweitern kann – selbst, wenn es dabei nur um die Möglichkeit des Preisvergleichs unter verschiedenen Anbietern von Pauschalreisen geht.

Zwei Teilaspekte der allseitigen Verfügbarkeit von Informationen führten in einem fließenden Übergang zur impliziten Diskussion der zweiten These des Workshop-Titels.

6 „Ich weiß nichts, macht nichts. "

Auf der einen Seite steht die Frage, inwieweit die vielfältigen Möglichkeiten der Informationsbeschaffung eine Erwartung ihrer Nutzung entstehen lassen (im privaten ebenso wie im beruflichen Umfeld) und aus dem „wissen können" ein „wissen müssen" wird. So wurde in der Diskussion die Befürchtung benannt, bei Desinteresse an Teilen des politischen Weltgeschehens als „ignorant" oder „naiv" zu gelten.

Hierbei stellt sich insbesondere auch die Frage der Grenzen von Wissen und Informationsbeschaffung: Mit Blick auf die begrenzte

Aufnahme- und Verarbeitungskapazität ist eine Abgrenzung gegenüber einer gefühlten Informationsflut unabdingbar („Filter"). Insbesondere sich scheinbar häufende Berichte über Terroranschläge, Naturkatastrophen und Kriegsverbrechen auf diversen medialen Kanälen können eine erhebliche Verunsicherung und eine verzerrte Wahrnehmung zur Folge haben: Es entsteht der Eindruck einer sich zuspitzenden Bedrohungslage (auch für die Stabilität der eigenen Lebenswelt), für die es in dieser Form keine statistischen Belege gibt. Dies kann dazu führen, dass persönliche Handlungsoptionen (wie z.B. Freizeitaktivitäten oder Reisen) nicht mehr wie bisher oder nur noch begleitet von Angstgefühlen wahrgenommen werden. Die Bedeutung (z.B. Bedrohung) für die eigene Lebenswelt wird häufig überschätzt. Damit die eigene Handlungsfähigkeit erhalten bleibt, wird daher die Existenz bestimmter Sachverhalte bewusst ausgeblendet.[2]

Ähnliches gilt im Kontext von Organisationen – Stichwort „E-Mail-Flut". Im Sinne der persönlichen Leistungsfähigkeit und Effektivität (und nicht zuletzt: Gesundheit!) ist der eigene Filter von relevanten und irrelevanten Informationen unbedingt erforderlich. Eine solche Form der Abgrenzung ist angesichts der verfügbaren Technologien eine unabdingbare Kompetenz in der Informations- und Wissensgesellschaft.

So kann Nichtwissen eine Schutzwirkung entfalten, die auch in der Redewendung „Was ich nicht weiß, macht mich nicht heiß" Ausdruck gefunden hat. Ein achtsamer Umgang mit Wissen ist im Hinblick auf die allseits verfügbaren Informationen also durchaus sinnvoll. Idealerweise ist dies Ausdruck einer erwachsen-reflektierten Entscheidung und nicht einer kindlichen Wunschvorstellung („Ich mach` die Welt wie sie mir gefällt").

---

[2] Zu den Ebenen von Ausblendungen als Form der Abwertung vgl. Schlegl 1995, S. 115 ff.

Fehlendes Wissen wäre demnach auch nicht zwangsläufig als Defizit zu verstehen. Im Sinne der bereits oben diskutierten Redewendung, kann Nichtwissen durchaus das Leben des Einzelnen erleichtern, auch wenn dadurch ggf. bestehende Realitäten ausgeblendet werden. Bewusstes Nichtwissen als Schutzmechanismus wurde von den Diskussionsteilnehmenden unter anderem darauf zurückgeführt, dass das Wissen um Ungerechtigkeit und Leid auf der Welt uns dazu bewegen kann, aktiv zu werden und uns zu engagieren, sei es durch finanzielle Spenden oder ehrenamtliches Engagement. Dies kann ein individuell zwar kleiner, aber wertvoller Beitrag sein, den „Lauf der Welt" in seinem eigenen Einfluss(Macht-)Bereich zu beeinflussen.

Aber auch Nichtwissen muss kein Hindernis dafür sein, aktiv zu werden: So hat sich in vielen Unternehmen der Ausdruck „Sicheres Auftreten bei völliger Ahnungslosigkeit" mittlerweile zum geflügelten Wort entwickelt. Wer mit dem Nichtwissen „spielen" und sich gut verkaufen kann, wird der 2. These vermutlich zustimmen und eher Macht- als Ohnmachtsgefühle verspüren. In den meisten Fällen ist diese Form der Macht jedoch mit einem begrenzten Haltbarkeitsdatum versehen, da eine solche Strategie auf lange Sicht aufgedeckt und daher nicht dauerhaft von Erfolg gekrönt ist.

7 Fazit

Im Laufe des Workshops wurden die beiden Ausgangsthesen von den Teilnehmenden anhand vielfältiger Beispiele aus persönlichen und organisatorischen Kontexten diskutiert. Als wesentliche Erkenntnis in Bezug auf die 1. These „Wissen ist Macht" wurde herausgestellt, dass das bloße Vorhandensein von Wissen noch keine Macht darstellt, da auf diese Weise noch keine Einflussnahme stattfindet. Dies geschieht erst durch die Interaktion, nämlich durch die situative Anwendung von Wissen. Dies schließt sowohl den Austausch und die Vernetzung im Rahmen des Wissensmanagements als auch den bewussten Verzicht auf Informationsweitergabe mit ein. Wissen ist also Macht, wenn es entsprechend angewendet wird.

Der 2. These „Ich weiß nicht, machts nichts" wurde zugestimmt, sofern das Nichtwissen auf einer bewussten Entscheidung beruht, um sowohl im privaten als auch beruflichen Kontext die eigene Handlungsfähigkeit zu erhalten. Hier hätte das „Nichtwissen" (zumindest kurzfristig) keine negativen Konsequenzen („macht nichts"). Wenn aber umgekehrt der Wunsch nach (mehr, vollständigen, frühzeitigen,…) Informationen gerade auch im Organisationskontext nicht erfüllt wird, kann dies eine individuelle Handlungsunfähigkeit bewirken, die sich in der Folge auch negativ auf die Organisation als Ganzes auswirken kann.

Diese weitreichenden Möglichkeiten der Einflussnahme und die entsprechenden (positiven wie negativen) Konsequenzen erfordern daher gerade in Organisationen einen besonders achtsamen Umgang im Rahmen der Informations- und Kommunikationsstrategie und dem Wissensmanagement.

Literatur

Berne, E. (2004): Was sagen Sie, nachdem Sie „Guten Tag" gesagt haben? Psychologie des menschlichen Verhaltens, 19. Aufl. (2004), Frankfurt a.M.: Fischer

Brandner A./Steininger T. (2016): Die Wissenstreppe: Information – Wissen – Kompetenz. In: North, K./Brandner, A./Steininger, T. (Hrsg.): Wissensmanagement für Qualitätsmanager. Erfüllung der Anforderungen nach ISO 9001:2015. Wiesbaden: Gabler

Büchmann, G. (2007): Der neue Büchmann. Geflügelte Worte. Der klassische Zitatenschatz, bearbeitet und aktualisiert von Winfried Hofmann. 1. Aufl., München: Ullstein

Duden (2004): Duden Band 10. Das Bedeutungswörterbuch. 4. Aufl. (2004), Mannheim: Bibliographisches Institut & F. A. Brockhaus AG

Fuchs-Kittowski, K. (2001): Wissens-Ko-Produktion. Verarbeitung, Verteilung und Entstehung von Informationen in kreativ-lernenden Organisationen, gefunden unter: http://www.informatik.uni-leipzig.de/~graebe/Texte/Fuchs-02.pdf [zuletzt geöffnet: 25.11.2016]

Hagehülsmann, U./H. (2007): Der Mensch im Spannungsfeld seiner Organisation. 3. Aufl. (2007), Paderborn: Junfermann

Schlegel, L. (1995): Die Transaktionale Analyse, 4. Aufl. (1995), Stuttgart: UTB

Sternhardt, K. / Stocker, D. (2012): Freiburg: Ratlosigkeit in den Filialen, gefunden unter: http://www.badische-zeitung.de/freiburg/freiburg-ratlosigkeit-in-den-filialen--54961959.html [zuletzt geöffnet: 25.11.2016]

Macht und Management

04

Stephan Giesler
**Die helle und die dunkle Seite
der Macht**

Die helle und die dunkle Seite der Macht

Stephan Giesler

Zusammenfassung

„Helle" und „dunkle" Machtausübung lässt sich klassifizieren anhand der Dimensionen ihrer Zielsetzung und anhand der Form der Machtausübung. Transaktionsanalytisch betrachtet lässt sich sowohl durch autonomes Verhalten als auch durch Passivität Macht ausüben. Der Artikel wurde auf Basis der Ergebnisse des genannten Workshops verfasst.

1 Dimensionen der Machtausübung

Wenn wir an eine „helle" und eine „dunkle" Seite der Macht denken, haben wir dazu intuitiv Bilder im Kopf (auch über die obligatorischen Star Wars-Szenen hinaus). In diesem Workshop ging es uns darum, diese beiden Seiten der Macht möglichst klar herauszuarbeiten: „was macht ‚helle' oder ‚dunkle' Macht eigentlich *wirklich* aus, was genau ist das entscheidende Charakteristikum?".

In der Folge werden die beiden Seiten der Macht mit den Konzepten der Autonomie und der Passivität aus der Transaktionsanalyse in Beziehung gesetzt.

Helle vs. Dunkle Macht
Anhand von Beispielen wurden im Workshop im Kern für **„helle"** **Machtausübung** folgende Charakteristika herausgearbeitet:

Machtausübung und Durchsetzung im Interesse der Gemeinschaft oder Gruppe, basierend auf Kooperation, Toleranz, den
anderen und auch sich selbst wertschätzender (+/+) Haltung.

Die helle Seite der Macht bedeutet also keinesfalls, immer nur
nett und freundlich zu sein. Die Durchsetzung von Normen oder
Entscheidungen im Gemeinschaftsinteresse kann dem Einzelnen
gegenüber durchaus auch weniger nett und freundlich sein.
Wichtig ist aber, dass sie transparent und die Kommunikation
konstruktiv-wertschätzend bzw. respektvoll bleibt.

Für die **dunkle Seite der Macht** ist kennzeichnend:

Macht bzw. Machtausübung durch Androhung von Gewalt, eine
generelle, sich selbst überhöhende und den Anderen erniedri-
gende Haltung (häufig aus einer +/- -Haltung, ggf. auch -/- -
Haltung heraus).

Verfolgung egoistischer Ziele

Demnach ergeben sich zwei Dimensionen der hell-/dunkel-Kate-
gorisierung: Die **Zielsetzung** (Gemeinwohl vs. Egoistisch) und
die **Beziehungsgestaltung** (wertschätzend vs. sanktions- und
angstbasiert):

Intention	Gemeinwohl	„Grau" (nicht nachhaltig)	Helle Macht
	Egoistisches Ziel	Dunkle Macht	„Grau" (unplausibel, geheuchelt)
		angstbasiert	wertschätzend
		Form	

Tabelle 1: Intention und Form als Dimensionen der Machtausübung

2 Intention der Machtausübung

Solange der Machtausübende also das **Wohl der Gemeinschaft**, z.B. des Unternehmens oder des Staates, im Sinn hat, würden wir dies als „helle" Machtausübung sehen, selbst wenn es zu unerwünschten Ergebnissen führen würde. Die operative Machtausübung wäre dann möglicherweise kurzsichtig, undurchdacht, etc. pp. - aber es wäre kein Machtmissbrauch, keine „dunkle" Machtausübung.

Beispiel: Der Abteilungsleiter ist überzeugt davon, dass ein neues Produkt dem Unternehmen neue Märkte eröffnen wird und setzt durch, dass es entwickelt wird – es bringt de facto jedoch herbe Verluste.

Verfolgt der Machtausübende jedoch **egoistische Ziele**, würden wir dies als „dunkle" Machtausübung verstehen, selbst wenn sie zu einem für die Gemeinschaft positiven Ergebnis führt.

Beispiel: Der Abteilungsleiter überzeugt das Unternehmen davon, dass ein Produkt entwickelt wird, obwohl er um die Risiken des Marktes weiß. In Wirklichkeit betreibt er die Entwicklung nur, weil er indirekt an Komponenten für dieses Produkt privat mitverdient.

2.1. Überlagernde Intentionen

Soweit zwei einfache Fälle – interessanter wird es, wenn zwei Intentionen sich überlagern (wie es häufig der Fall ist). Im Beispiel: Der Abteilungsleiter profitiert von dem neuen Produkt, indem er einen Karriereschritt macht (oder einen Bonus verdient) *und* das Unternehmen profitiert von dem Produkt. Hierdurch wird – insbesondere bei der egoistischen Intention noch eine weitere Facette deutlich: Ist die Zielsetzung (a) transparent und (b) vereinbart? Ein Bonussystem ist bei vielen Firmen offiziell vereinbarter Gehaltsbestandteil. Hier versucht das Unternehmen, sich die „egoistischen" Ziele des Mitarbeiters (Bonusmaximierung) für die gemeinsamen Ziele des Unternehmens (erfolgreiche Produkte) zunutze zu machen. Dies ist allerdings transparent und vereinbart. Wenn ein Mitarbeiter also eine solche Entscheidung trifft, würde man ihm sicherlich keine „dunkle" Machtausübung vorwerfen.

Schwieriger wird es, wenn wir die oben beschriebenen Beispiele mischen und der Abteilungsleiter lässt das Produkt entwickeln, welches für die Firma erfolgreich ist *und* er verdient an den Komponenten privat mit. Dies wäre, soweit dies nicht transparent und mit dem Unternehmen vereinbart wäre, eine „dunkle" Machtausübung. Es zeigt sich, dass eine am Gemeinwohl orientierte und eine egoistische Zielsetzung sich nicht per se ausschließen – eher geht es dann um die Gewichtung bzw. Priorität der beiden Zielsetzungen durch den Machtausübenden sowie die Randbedingungen von Transparenz und Vereinbarung.

3 Machtausübung und die Konzepte der Autonomie und Passivität

„**Autonomie**" ist ein Leitbild der Transaktionsanalyse. Darunter wird die Freisetzung und Wiedergewinnung von drei Fähigkeiten verstanden:

> *Bewusstheit* (unmittelbare sinnliche Offenheit und Wahrnehmung im Hier und Jetzt; Intensität der Gefühle)

> *Intimität* (Fähigkeit, eine offene, aufrichtige, liebevolle Beziehung zu den Mitmenschen einzugehen)

> *Spontaneität* (Freiheit und Fähigkeit, diese Gefühle auszudrücken)

Als Beispiele für eine Machtausübung durch autonomes Handeln wurden von der Gruppe angeführt:

- Festlegung eigener, klarer, transparenter, akzeptierter Regeln
- Stärkung der eigenen, autonomen Macht durch Stärkung der Autonomie anderer (auf Augenhöhe, +/+ - Haltung)
- Macht der Begeisterung (andere mitreißen)
- Macht durch Inspiration (auch z. B. Spiritualität)

In der TA gibt es verschiedene Formen der „**Passivität**" (die damit keineswegs nur Nichtstun meint): Untätigkeit, Überanpassung, Aktionismus, Selbstdisqualifizierung. Alle diese Verhaltensweisen sind nicht lösungsorientiertes Verhalten, das damit den Kern der „Passivität" im TA-Sinne bezeichnet.

Hierzu erarbeitete die Gruppe folgende Beispiele:

- Führungskraft gibt keine Vorgaben/entscheidet nicht & zwingt dadurch andere dazu, Entscheidungen für ihn/sie zu treffen (Untätigkeit)
- „Eilfertiger Kellner" im Stammcafé bringt dem Kunden schon ohne Bestellung sein Stammgetränk, dieser akzeptiert es, obwohl er eigentlich in diesem Moment etwas Anderes wollte („passt sich übermäßig an") und wird dadurch an Wahrnehmung eigener Bedürfnisse gehindert (Überanpassung)
- Teammitglied macht nur unwichtige Dinge und zwingt damit andere dazu, ihn zu unterstützen bzw. in die Überverantwortung zu gehen (Aktionismus)
- Burnout zwingt andere zur besonderen Rücksichtnahme und Übernahme von Aufgaben (Selbstdisqualifizierung)

In der Summe lässt sich immer sagen, dass die verschiedenen Formen der Passivität den anderen letztlich seiner Autonomie berauben – ihm ein bestimmtes Verhalten oder eine bestimmte Haltung aufzwingen. Es ist jedoch von besonderer Bedeutung, dass Machtausübung keinesfalls nur „von oben herab", z.B. aus einer elterlichen Haltung erfolgt, sondern häufig auch aus dem kindlichen Ich-Zustand. Im Falle einer „dunklen" Machtausübung also, indem ein Mensch einen anderen durch sein Verhalten dazu zwingt, ihn zu umsorgen, zu leiten, zu verteidigen, ihn also zu „be-eltern". Im Falle einer „hellen" Machtausübung kann es – s.o. – die Begeisterung des „freien Kindes" sein, die andere mitreißt.

Bei der Bewertung der Form der Machtausübung können die Konzepte der Autonomie und Passivität ein guter Kompass sein.

4 Zum Wesen der Macht

Bei näherer Betrachtung lohnt es sich, sich näher mit dem Wesen der Macht an sich auseinanderzusetzen: Was ist Macht genau? Denn Macht definiert sich genau über das, was über den Konsens hinausgeht. Wenn es rein um die Ausführung / Koordination eines gemeinsam vereinbarten und geplanten Vorhabens geht, dann genügen dafür – wie C. Bauer-Jelinek schön verdeutlicht – schlichtweg Kraft, Ausdauer und Kreativität. Macht aber ist Einflussnahme, was immer bedeutet, dass jemand zu etwas gebracht wird, was er sonst voraussichtlich (so) nicht getan oder gedacht hätte. Oder, nach Bauer-Jelinek: „Macht ist das Vermögen, etwas gegen einen Widerstand durchzusetzen."

Im Falle von (z. B. durch Wahl) verliehener Macht bleibt zwar die Wählerschaft grundsätzlich der Souverän (da sie den Machthaber auch wieder abwählen kann), sie gibt aber bewusst die „operative Macht" aus den Händen. Sie betraut den gewählten Vertreter damit, die verliehene Macht im Interesse des Gemeinwohls zu verwenden - ohne über jeden einzelnen Akt der Machtausübung neu abzustimmen und in der Praxis unter Inkaufnahme einzelner Entscheidungen, die der einzelne Wähler nicht nachvollziehen kann oder die er sogar nicht befürwortet. Hierbei handelt es sich dennoch nach der oben dargestellten Systematik eher um eine „helle" Machtausübung, da davon ausgegangen wird, dass der Machthaber das Gemeinwohl im Sinn hat.

Sicher ist, dass Gruppen, Gemeinwesen und Unternehmen sich entwickeln, weil Menschen ein Ziel erreichen *wollen*. Und in den meisten Fällen wird die Erreichung dieses Ziels mit einer Ausübung von Macht einhergehen - und wenn es nur die Macht der Argumente in einer Diskussion ist. Manchmal aber wird es auch eine Anwendung hierarchischer Macht sein. Das Entscheidende jedoch ist dabei weniger die Machtausübung an sich, sondern ihre Intention und ihre Form.

Literatur

Bauer-Jelinek, C. (2009): Die helle und die dunkle Seite der Macht. Salzburg: Ecowin

Hagehülsmann, U. & H. (2007): Der Mensch im Spannungsfeld seiner Organisation. Paderborn: Junfermann

Macht und Management

05

Anja Stamm
**Die Insignien und Artefakte
der Macht - Entwicklung des
symbolischen Machtausdrucks**

Insignien und Artefakte der Macht – Entwicklung des symbolischen Machtausdrucks

Anja Stamm

Einleitung

Die Geschichten, die wir uns untereinander in und über die Organisation erzählen, der Dienstwagen, das Einzelbüro, die Sitzplatzordnung im Meeting oder der personalisierte Parkplatz mit kurzer Distanz zum Haupteingang – all das sind Beispiele für Insignien und Artefakte der Macht in Organisationen. Sie sind die physische Manifestation der Macht und machen nach außen sichtbar, was innerhalb der Kultur gilt.

Wie verändert sich dieser symbolische Machtbegriff aktuell durch eine Veränderung von Werten und Erwartungen in Bezug auf Autorität? In welche Richtung entwickelt er sich und welche neuen Symbole bringt er hervor (s. Kapitel 2.1)? Wie lassen sich der symbolische Machtbegriff und seine Entwicklung im Kontext von Organisationskultur betrachten (s. Kapitel 2.2)?

Um sich diesen Fragen zu nähern, ist es hilfreich, zunächst den Begrifflichkeiten auf den Grund zu gehen (Kapitel 1). Was sind Insignien und Artefakte und welches Verständnis von Macht wollen wir dieser Betrachtung zu Grunde legen?

1 Begriffliche Grundlagen

Das Wort Insignie kommt aus dem Lateinischen, bedeutet „Abzeichen, Kennzeichen" und wird meist in seiner Mehrzahl, Insignien, genutzt. Insignien gelten als Zeichen staatlicher, ständischer oder religiöser Würde, Macht und Auszeichnung. Sie machen die soziale Stellung, den Dienst oder das Amt des Trägers nach außen hin sichtbar, zum Beispiel in Form einer Krone, eines Briefsiegels oder einer religiösen Kopfbedeckung. Insignien geben Orientierung und Sicherheit - sie ermöglichen einem Außenstehenden zu erkennen, welche Stellung, bzw. Status das Gegenüber hat und geben Hinweise darauf, mit welcher Macht diese Person im jeweiligen Kontext ausgestattet ist.

Artefakte gehen auf die lateinischen Ausdrücke ars, artis ‚Handwerk' und factum, ‚das Gemachte' zurück. Sie stehen für das vom Menschen Erzeugte. Artefakte sind an der Oberfläche wahrnehmbar und nicht notwendigerweise widerspruchsfrei. Beispiele für Artefakte sind beobachtbare Verhaltensweisen, Rituale und Gebräuche in einer Organisation, Formen der Sanktionierung und Belohnung, Symbole, typische Bekleidungsgewohnheiten oder statusbezogene Büroeinrichtungen. Artefakte sind äußerlich leicht zu erfassen, ihre dahinterliegende Bedeutung ist häufig nicht unmittelbar entschlüsselbar.

Macht lässt sich aus systemischer Sicht als Beziehungsgeschehen und wechselseitiger Prozess betrachten. B. Schmid beschreibt Macht als die Wirksamkeit, mit der jemand auf die Wirklichkeitsgestaltung anderer Einfluss nimmt. Diese Kompetenz können sich Menschen bewusst oder unbewusst aneignen und im konstruktiven wie auch im destruktiven nutzen (vgl. Schmid & Hipp 1998, S. 4). Unter Macht in Organisationen versteht er alle Prozesse, durch die solche Wirksamkeit entstehen und gestaltet werden kann. Um Macht auszuüben, also um die Wirksamkeit zu erlangen, auf die Wirklichkeitsgestaltung anderer Einfluss zu nehmen, braucht es Autorität, die eine Person durch Autorisierung verliehen bekommt oder sich erwirbt. Die Machtinhaber werden durch die Autorisierung sozusagen bevollmächtigt, Einfluss auf die Wirklichkeitsgestaltung anderer auszuüben. Macht und Autorität sind an einen Kontext gebunden, nicht nur an Qualitäten, über die der Machtinhaber verfügt. So kann der Polizist nur im Dienst bestimmen, wer Vorfahrt hat (vgl. Schmid & Messmer 2009, S. 136 f.).

Hat ein Geschäftsmann beispielsweise einen Dienstwagen mit Fahrer, fährt in die Tiefgarage, zu der nur er und Kollegen auf gleicher Ebene Zugang haben, nimmt anschließend den Fahrstuhl in den 5. Stock, in dem ausschließlich die Geschäftsführung ihre Büros hat, erhält der neue Pförtner Hinweise auf Position und Machtbefugnisse dieser Person. Gesetzt dem Fall, er weiß um die darunterliegende Bedeutung dieser Machtsymbole. So hat er die Möglichkeit zu entscheiden, wie er sich - in einer ihm angemessenen scheinenden Art und Weise - dem Geschäftsführer gegenüber verhalten möchte. Gleichzeitig autorisiert er den Geschäftsführer in seiner Machtposition, auf seine eigene Wirklichkeitsgestaltung Einfluss zu nehmen. Treffen sich die beiden zum ersten Mal in Sportkleidung im Fitnessstudio, bekommt der Pförtner dadurch zunächst keinen Hinweis auf Macht und Status dieser Person in seinem beruflichen Umfeld und verhält sich ihm gegenüber vermutlich in anderer Weise. Macht und Status werden auf unterschiedliche Weise empfunden - der Umgang damit hängt von der individuellen und der kulturellen Prägung und dem jeweiligen Kontext ab.

2 Wandel des symbolischen Machtausdrucks in Organisationen

2.1. Betrachtung im zeitlichen Kontext

Betrachten wir den Machtbegriff im zeitlichen Kontext, erfährt er aktuell einen Wandel. Waren es in der Vergangenheit eher einzelne, ausgewählte Personen, die ihres Amtes oder ihrer Stellung zu Machtausübung autorisiert wurden, wird diese heute immer häufiger in Frage gestellt oder gar entzogen. Machtverteilt sich von wenigen auf viele. Die Organisationen sehen sich heute immer stärker mit Forderungen nach mehr Eigenverantwortung und Gestaltungsspielraum, Partizipation und Mitspracherecht, Selbstorganisation und einer stärkeren Sinn- und Werteorientierung konfrontiert. Diese Entwicklungen führen nicht nur zur einer Umverteilung der Macht in Gesellschaft und Organisationen, sondern auch zu einer neuen Wirkungsweise.

B. Schmid und A. Messmer bieten drei Dimensionen der Macht und ihrer Wirkungsweis in Organisationen an:

1. Hoheitsmacht,
2. Schöpfermacht
3. Sinnmacht

An diesen lässt sich die Verschiebung des Machtgefüges und die neu beobachtbare Wirkungsweise der Macht gut verdeutlichen (vgl. Schmid & Messmer 2009, S. 136 ff.).

Hoheitsmacht meint, als Person über Gestaltungsmittel so verfügen zu können, dass anderen für ihre Wirklichkeitsmöglichkeiten einseitig Vorgaben gemacht werden. Diese Machtdimension umfasst die Ausstattung einer Person mit Entscheidungskompetenzen und Ressourcen, über die sie Bestimmungsrechte erlangt. Darüber bekommt diese Person Autorität, die sie allein durch ihre Persönlichkeit nicht unbedingt verliehen bekommen würde. Diese Form der Macht kann dem Machtinhaber aber auch wieder „genommen" werden. Hoheitsmacht findet ihren physischen Ausdruck nicht selten in Machtsymbolen, z.B. dem Einzelbüro mit drei Fenstern, welches ausschließlich über das Büro der Vorzimmerdame(n) erreichbar ist (vgl. z.B. Schmid & Messmer 2009, S. 136 ff.).

Schöpfermacht ist die Fähigkeit, kokreative Inszenierungen zu schaffen, in die andere komplementär eintreten und sie mitgestalten. Jeder von uns lebt in seiner eigenen wahrgenommenen Wirklichkeit mit unterschiedlichen Bezugsrahmen. Durch Kommunikation lässt sich eine komplementäre, sinnhafte Gemeinschaftswirklichkeit herstellen, also eine sinnhafte Form finden, sich aus unterschiedlichen Bezugsrahmen aneinander anzukoppeln. Diese sinnhafte Begegnung passiert nicht zufällig, sondern will gestaltet werden. Sie braucht Schöpfermacht, um Inszenierungen zu schaffen, in die andere eintreten und mitwirken wollen (vgl. Schmid & Messmer 2009, S. 136 ff.). Autorisierung wird in Zusammenhang mit Schöpfermacht eher erworben als verliehen. Verglichen mit Hoheitsmacht erlangt die Schöpfermacht ihre Wirksamkeit über eine Pull- anstatt einer Push-Bewegung.

Mit **Sinnmacht** ist eine Fügung gemeint, Sinn zu finden und Sinn zu schöpfen in dem, was Menschen erleben und gestalten. Diese Machtdimension hat mit Werten, mit dem intuitiven Verständnis für etwas Wesentliches, etwas wesenhaft Stimmiges zu tun – damit, was uns als Individuen oder als Organisation leitet. Sinn zu finden im eigenen Tun ist kein kontrollierbarer Akt, sie einer Fügung gleich. Dies ist nur bedingt über punktuelle und gezielte Maßnahmen, eher aber durch den Aufbau einer Kultur, in der sie begünstigt wird, erreichbar. In der heutigen Zeit von Dynamik und wachsender Komplexität steigt das Bedürfnis, mit eigenen Werten und Begabungen in Übereinstimmung zu sein. Sinnmacht schafft den Rahmen dafür, dass zentrale persönliche Kräfte wie Inspiration und Intuition ihre volle Wirkung entfalten können (vgl. Schmid & Messmer 2009, S. 136 ff.).

Diese drei Machtformen wirken in gewissem Maße immer zusammen damit eine Organisation sich wirksam steuern und sich damit erhalten kann. Es braucht immer alle drei Formen - nicht unbedingt in einer Person aber in einer ausgewogenen Kombination.

Hoheitsmacht ist bis heute in vielen Lebensbereichen präsent und erfährt, bspw. in öffentlichen Behörden oder hierarchisch organisierte Organisationen hohe Akzeptanz, ebenso wie ihre dazugehörigen Machtsymbole und -befugnisse. Diese eher traditionell wahrgenommene Form der Macht wird, z.B. qua Funktion, Hierarchieebene oder Herkunft an einige wenige Machtinhaber verliehen. Gleichzeitig reicht konzentrierte Hoheitsmacht allein schon lange nicht mehr aus, um die Welt in Richtung eigener Vorstellungen zu bewegen. Angesichts zunehmender Komplexität und Dynamik entsteht Machtverlust.

Aktuelle Einflüsse, wie Digitalisierung, flexible Arbeitsformen und Vernetzung über soziale Medien prägen das Verhalten, die Erwartungen und die Haltung mit denen Mitarbeiter in die Organisationen eintreten. In einem zunehmend dynamischen Umfeld müssen Strukturen anpassungsfähig bleiben, adaptiv und elastisch. Das kann in Konflikt stehen mit einseitigen Vorgaben von einzelnen Personen darüber, was möglich und richtig ist und was nicht. Es entsteht eine neue Ohnmacht durch die Unsteuerbarkeit von Prozessen. Macht verteilt sich auf viele und wird dadurch dynamisch. Ihre Verleihung geschieht auf Zeit (z.B. Follower auf Twitter, like oder dislike) und wird immer wieder neu verhandelt – heute ein Minutenerfolg oder ein Trending Topic, morgen vielleicht schon ein Shitstorm.

Auch die Symbole der Macht verändern sich. Organisationen trennen sich – teilweise ganz bewusst – von traditionellen Machtsymbolen, wie Jobtiteln, Dienstwagen oder dem hierarchisch organisierten Führungssystem. Neue Organisationsformen und Arbeitsmodelle entstehen, Führungskräfte werden von Teams gewählt oder wie in der Soziokratie und Holokratie qua Struktur gleich ganz ersetzt. Gleichzeitig bilden sich neue Symbole der Macht heraus, z.B. die Anzahl und Reichweite der Kontakte in Netz-werken, Follower in sozialen Medien, eine sichtbare Teilnahme am technischen Fortschritt (z.B. Smartwatches), Freiheitsgrade im beruflichen Umfeld bis hin zum bewussten Bruch mit sozialen oder organisationalen Konventionen über Kleidung oder Lebensstil. Fuhr der Geschäftsführer gestern noch mit dem Dienstwagen fährt er heute vielleicht bewusst mit dem Fixie-Bike oder mietet sich Autos über Car-Sharing.

2.2. Betrachtung im organisationskulturellen Kontext

Eine tiefere Betrachtung dieser Entwicklung im Kontext von Organisationskultur ermöglicht das 3-Ebenen-Modell von Edgar Schein (vgl. Schein 1985, S. 25 ff.).

Insignien und Artefakte der Macht stehen nicht losgelöst in der Organisation. Sie sind symbolischer Ausdruck von darunterliegenden Werten und kulturellen Grundannahmen, die in der Organisation verankert sind. Sie sind sozusagen ihre physische Manifestation. Ihr Sinn wird nach-

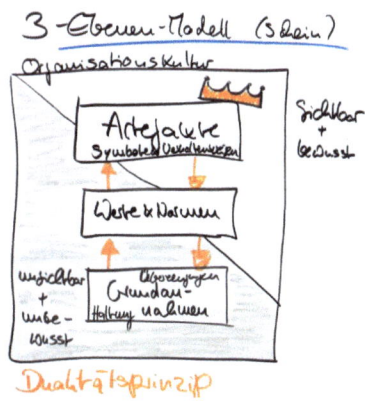

Abb. 1: Das Drei-Ebenen-Modell (Edgar Schein)

vollziehbar wenn alle Ebenen gesamthaft betrachtet werden. Die handlungsleitenden Werte und Normen wirken teilweise unbewusst und implizit, teilweise explizit und bewusst. Die unsichtbaren und unbewussten Grundannahmen, wie Überzeugungen und Einstellungen zu anderen Menschen, der Umwelt etc. prägen die Werte und Normen, die in einer Organisationskultur gelten.

Daraus resultiert gelebtes und beobachtbares Verhalten der Individuen einer Organisation, z.B. durch Symbole, Handlungsmuster oder bestimmte Rituale. Dabei gilt das Dualitätsprinzip - Kultur entsteht aus dem Verhalten der Individuen in einer Organisation, gleichzeitig prägt sie aber auch deren Verhalten, Werte und Grundannahmen.

Aus der Abkehr von den sichtbaren Machsymbolen in Organisationen könnte der Teil des „kollektiven Unbewussten" sich weiter vergrößern, da Macht und Status zunehmend seltener über Artefakte und Insignien sichtbar und bewusst wirken.

Für den Einzelnen erwächst daraus die Schwierigkeit, Muster zu erkennen, die ihm in der Kultur Orientierung und Sicherheit geben. Es geht bis zu einem gewissen Grad auch um ein konstruktives Aufgeben und das sich eingestehen von Ohnmacht. Schmid und Hipp vergleichen es mit dem Bild des Segelns: *„Der Segler weiß zwar, wie er die Segel aufzuspannen hat, er ist aber darauf angewiesen, daß der Wind bläst und er kann nicht bestimmen aus welcher Richtung."* (Schmid & Hipp 1998, S. 12). Gleichzeitig steigt die Relevanz Kompetenzen im Hinblick auf unser Denken, Fühlen und Handeln aus dem Erwachsenen-Ich heraus zu entwickeln. Das bedeutet z.B in einem zunehmend dynamischen Umfeld gelassen mit Unsicherheit umzugehen, sich zu aktivieren und zu fokussieren, auf dem Weg zur Lösung auch mal Schwebe- und Reifeprozesse zulassen zu können, sich immer wieder auf das Wesentliche zu besinnen und im Hier und Jetzt wahrzunehmen und zu entscheiden, was als nächstes zu tun ist (vgl. Schmid & Hipp 1998, S. 12 f.).

3 Ausblick

Veränderte Werte verschieben gelernte und bisher wirksame Machtverhältnisse und stellen die Wirksamkeit von Hoheitsmacht in der Führung stark in Frage. „Ich spüre eine große Erschütterung der Macht", zitierte der Netzwerkforscher Prof. Dr. Peter Kruse treffend aus der Star Wars-Episode V als er seinen Forschungsbericht zum Thema „gute Führung" im Jahr 2013 vorstellte (youtube.de).

In den Vordergrund treten egalitäre Formen von Sinn- und Schöpfermacht. Anders als Hoheitsmacht, können diese Formen der Macht nicht „runterzitiert" werden. Es gibt ein starkes Bedürfnis nach Sinn, festen Werten als Orientierung und Leitsterne, ob etwas als stimmig erlebt wird oder nicht. Dies entsteht aus einer dialogischen Haltung. Andere orientieren sich an den „Sinnstiftern" und „Schöpfern", weil sie sich in Bezug auf ihre eigene Wirklichkeitswahrnehmung in ihren Werte und ihrem individuellen Sinn berührt fühlen (vgl. Schmid & Hipp 1998, S. 12). Klassische Insignien rücken in den Hintergrund – an ihre Stelle treten Dinge wie persönliche und immaterielle Werte, intrinsische Motivation, Selbstbestimmung und Selbstverwirklichung. Organisationen, die diese engagierte Wertehaltung in ihrer Kultur glaubwürdig gestalten und leben, können dadurch einen strategischen Vorteil erlangen. Eine Sinn- und werteorientierte Unternehmenskultur wird ein wichtiger Faktor sein, der zur Erbringung von hochkomplexen und kreativen Leistungen in einem dynamischen und komplexen Umfeld beiträgt.

Generell stellt sich die spannende Frage, was sich in Organisationen entwickeln wird, wenn sich die Insignien und Artefakte der

Macht zunehmend verändern. Was für Geschichten werden wir in Organisationen erzählen, wenn Menschen Unternehmen gestalten, die diese durch die Brille ihrer veränderten Werte und Überzeugungen betrachten?

Literatur

ForumGuteFührung: Vortrag Prof. Dr. Kruse: Zukunft von Führung "Kompetent, kollektiv oder katastrophal?", YouTube.com, 27.09.2013, gefunden unter: https://www.youtube.com/watch?v=nDhwsNyWdVA [zuletzt geöffnet: am 15.10.2016]

Schein, E. H. (1985): Organizational Culture and Leadership. A Dynamic View, San Francisco etc. (Jossey-Bass); 3rd edition

Schmid, B./ Hipp J. (1998): Macht und Ohnmacht in Dilemmasituationen. In: Nr. 24 im Schriftenverzeichnis des Instituts für Systemische Beratung

Schmid, B./ Messmer, A. (2009): Systemische Personal-, Organisations- und Kulturentwicklung. Konzepte und Perspektiven, 2. Auflage (2009), Bergisch Gladbach: EHP

Macht und Management

06

Miriam Dreblow, Melanie Kuhlmann
Übermächtig und machtlos –
Auflösung ungesunder
Beziehungsmuster

Übermächtig und machtlos - Auflösung ungesunder Beziehungsmuster

Miriam Dreblow, Melanie Kuhlmann

Zusammenfassung

Gesunde Beziehungen sind wesentlich für das Wohlbefinden und die Leistungsfähigkeit von Menschen. Dazu gehört die Möglichkeit der Einflussnahme und Selbstwirksamkeit. Das Erleben von Machtlosigkeit und Übermacht – also keinen Einfluss und Wirksamkeit zu haben - wird im organisationalen Kontext oft mit hierarchischen Gegebenheiten gleichgesetzt. Wer formal die Macht hat, wird im Konfliktfall schnell als übermächtig erlebt.

Im folgenden Beitrag betrachten wir, in welcher Form Macht als soziales und psychisches Phänomen Einfluss auf die Gestaltung von Beziehungen hat. Anhand von drei Modellen der Transaktionsanalyse (Grundhaltungen, Mini-Skript und Drama-Dreieck) betrachten wir ein konkretes Fallbeispiel, an dem wir Kennzeichen ungesunder Beziehungsmuster herausstellen. Anhand des Konzepts der Autonomie von Eric Berne werden Empfehlungen entwickelt, wie ungesunde Beziehungsmuster aufgelöst werden können und ein konstruktives Miteinander möglich wird.

1 Macht, Übermacht und Machtlosigkeit

Wer übermächtig ist, hat die Macht. Wer machtlos ist, hat keine Macht. Das klingt im ersten Moment logisch – besonders im organisationalen Kontext. Hier ist Macht meist formal durch Hierarchie geregelt: Der in der Hierarchie Höherstehende besitzt die Macht Entscheidungen zu treffen, Arbeit zu verteilen, zu sanktionieren. Die in der Hierarchie untergeordnete Person besitzt diese Macht nicht: Sie ist der höheren Position formal unterstellt und hat die Entscheidungen umzusetzen. Aus der Machtverteilung ergibt sich aber nicht zwangsläufig Übermacht oder Machtlosigkeit. Zunächst ist Macht nur eine Art das Treffen von Entscheidungen zu vereinfachen: Über Verträge ist formal geregelt, dass der höheren Position die Macht verliehen ist, Entscheidungen zu treffen und der Unterstellte diese Macht kennt und anerkennt, z. B. im Gegensatz zur demokratischen Entscheidungsfindung.

Diese Machtkonstellation kann dazu einladen, sich auf der einen Seite übermächtig zu fühlen, da man formal die Macht über andere hat und sich auf der anderen Seite machtlos zu fühlen, da man formal keine Macht besitzt. Allerdings ist hier zu differenzieren: Macht ist ein soziales Konstrukt, sie stellt eine bestimmte soziale Ordnung dar. Übermacht und Machtlosigkeit hingegen ergeben sich im Erleben von Personen, es handelt sich um psychische Phänomene, die damit zu tun haben, ob und wie eine Person Einflussmöglichkeiten und Selbstwirksamkeit erlebt (vgl. Simon 2015, S.41 ff.).

Wenn zum Beispiel ein Mitarbeiter glaubt, dass der Vorgesetzte nicht richtig einschätzt, wie viel Arbeitsaufwand mit einer wichtigen Aufgabe verbunden ist, aber trotz des Hinweises des Mitarbeiters die Zeitvorgabe nicht verändert, fühlt sich der Mitarbeiter machtlos, da er keine Möglichkeit der Einflussnahme erlebt. Drückt der Vorgesetzte die Zeitvorgabe durch, in dem er mehr oder weniger direkt damit droht, dem Mitarbeiter die Aufgabe zu entziehen, so nutzt er seine Macht. Dies erlebt der Mitarbeiter dann als Übermacht, wenn für ihn diese Aufgabe sehr wichtig ist und er keinen anderen Ausweg sieht, als den Vorgaben des Vorgesetzten zu entsprechen, auch wenn das mit langen Abenden und Wochenendarbeit verbunden ist.

Übermacht und Machtlosigkeit findet also im Erleben von Personen statt – häufig, so beschreibt es Glasl, wird aus dem Erleben von Machtlosigkeit heraus, eine Übermacht auf den anderen projiziert, d.h. wenn sich jemand „einer mächtigeren Situation ausgeliefert erlebt, glaubt er, dass die Gegenseite alle Macht in den Händen hat." (Glasl 2013, S. 83)

Erleben Mitarbeiter und Vorgesetzte miteinander häufig solche Situationen, in denen einer keinen Einfluss nehmen kann und sich der Situation ausgeliefert fühlt, kann sich daraus ein Beziehungsmuster bilden, das auf Dauer als ungesund bezeichnet werden kann. Ungesund, da solche Beziehungsmuster zu Unzufriedenheit und Frustration führen. Auf lange Sicht kann das entweder aggressives, destruktives Verhalten nach sich ziehen oder aber Rückzug. Beispiele dafür wären Wutausbrüche oder unfaires Verhalten anderen gegenüber einerseits oder „Dienst nach Vorschrift", „innere Kündigung" oder Krankheit andererseits.

Das Erleben von Übermacht und Machtlosigkeit entspricht häufig der vorhandenen Machtkonstellation: der Mächtige erscheint übermächtig, der andere machtlos. Dass dies nicht die einzig mögliche Konstellation ist und auch der Mächtige machtlos und der Machtlose übermächtig sein kann, soll im Folgenden an einem Praxisbeispiel veranschaulicht werden. Dieses Beispiel dient dazu, aus dem konkreten Fall allgemeine Kriterien gesunder und ungesunder Beziehungsmuster abzuleiten. Dazu werden folgende Modelle aus der Transaktionsanalyse genutzt und kurz erläutert:

- Das Modell der Grundhaltungen, das den Fokus auf grundsätzliche Einstellungen der beteiligten Personen lenkt
- Das Mini-Skript, das Zugang zu der innerpsychischen Dynamik der Beteiligten zulässt
- Das Drama-Dreieck, das die Dynamik zwischen den Beteiligten aufzeigt.

Auf Basis dieser Modelle lassen sich Empfehlungen entwickeln, wie ungesunde Beziehungsmuster aufgelöst werden können oder trotz vorhandener Machtunterschiede gar nicht erst entstehen.

2 Ungesunde Beziehungsmuster

Als Fallbeispiel wählten wir für den Workshop im Rahmen des BeziehungsRaumEreignisses „Macht und Management" eine alltägliche Führungssituation, die vielen so oder ähnlich aus ihrem beruflichen Kontext vertraut ist. Schauplatz ist ein mittelständisches Unternehmen:

Petra Krause, Führungskraft im Marketing, hat seit einem halben Jahr endlich eine Assistentin: Julia Meine, die ihr zuarbeiten und ihr Arbeit abnehmen soll. Die Zusammenarbeit gestaltet sich schwierig, es gab schon öfter Feedback- und Klärungsgespräche, in denen Frau Krause versucht hat, ihrer Mitarbeiterin ihre Vorstellung der Zusammenarbeit und ihren Anspruch zu erklären. Die Führungskraft erlebt die Situation als frustrierend: Ihre Arbeitsaufträge werden von der Mitarbeiterin nicht wie gewünscht ausgeführt. Es erfolgen viele Rückfragen, was viel Zeit kostet, ohne dass die Qualität der Arbeit ihren Ansprüchen genügt. Sie hält die Mitarbeiterin für unselbstständig und unsicher und erlebt die Zusammenarbeit insgesamt nicht als Entlastung; viele Aufgaben macht sie lieber selbst. Da Frau Krause die Situation nicht zu verändern vermag, beginnt sie an ihren Führungsqualitäten zu zweifeln und fühlt sich machtlos. Die Assistentin, Frau Meine, fühlt sich ebenfalls machtlos. Sie erlebt die Führungskraft als übermächtig und fühlt sich ihr ausgeliefert. Sie versucht mit ihren vielen Rückfragen sehr genau herauszubekommen, was von ihr erwartet wird und versucht, es der Führungskraft möglichst recht zu machen. Die Rückmeldungen zu ihrer Arbeit erlebt Frau Meine sehr negativ und fragt sich, warum sie immer alles falsch macht. Ihre Vorschläge zur Verbesserung der Zusammenarbeit werden nicht gehört, so dass sie insgesamt das Gefühl hat, die Situation nicht beeinflussen zu können und sich mehr und mehr zurückzieht.

Das Modell der Grundhaltungen

Hinter ungesunden Beziehungsmustern lässt sich häufig eine negative **Grundhaltung** erkennen. Das Konzept der Grundhaltungen im transaktionsanalytischen Sinne beschreibt die allgemeine Einstellung eines Menschen zu sich selbst und zu anderen bzw. zur Welt (vgl. Schlegel 1988, S. 120 ff.). Die Ausprägungen der Grundhaltung sind entweder positiv (+) oder negativ (-). Erstrebenswert ist eine positive Haltung, die Wert und Wichtigkeit zum Ausdruck bringt und sich in den einfachen, jedoch sehr zentralen Aussagen „ich bin ok" und „du bist ok" zusammenfassen lässt. Dabei bedeutet „ok" eine grundlegend wertschätzende, annehmende Haltung zur Person, d. h. die Person grundsätzlich für „ok" zu halten, auch wenn einzelne Verhaltensweisen vielleicht nicht „ok" sind.

Es ergeben sich vier Kombinationsmöglichkeiten dieser Haltungen:

Ich bin nicht ok,	Ich bin ok,
Du bist ok.	Du bist ok.
(-/+)	(+/+)
Ich bin nicht ok,	Ich bin ok,
Du bist nicht ok.	Du bist nicht ok.
(-/-)	(+/-)

Abb. 1: Das Modell der Grundpositionen nach Eric Berne

Der Grundhaltung „Ich bin nicht ok, Du bist ok" (-/+) erzeugt Unterlegenheitsgefühle: Geht etwas schief, sucht die Person den Fehler bei sich selbst, nicht bei anderen.

Im Gegensatz dazu fühlt sich eine Person mit der Grundhaltung „Ich bin ok, Du bist nicht ok" (+/-) anderen gegenüber überlegen und übernimmt Aufgaben lieber selbst, in der Überzeugung es besser zu machen als andere.

Die Grundhaltung „Ich bin nicht ok, Du bist nicht ok" (-/-) ist eine radikale Negativhaltung, in der kein Sinn und Wert in sich oder anderen gesehen wird – alles erscheint egal und nicht zu ändern.

Die Grundhaltung „Ich bin ok, Du bist ok" (+/+) ist die einzige Grundhaltung, die einen konstruktiven Umgang mit sich und anderen ermöglicht. Sie ermöglicht, konstruktive Kritik an bestimmten Verhaltensweisen zu äußern, ohne den anderen grundsätzlich in seinem Wert in Frage zu stellen (vgl. Schlegel 1988, S. 123 ff.).

Angewandt auf das Praxisbeispiel lässt sich folgendes annehmen:

Die Assistentin steckt in einer negativen Grundhaltung zu sich selbst. Sie fühlt sich unsicher und möchte es der Vorgesetzten recht machen, Fehler sucht sie bei sich selbst und versucht sie durch viele Nachfragen zu vermeiden. Sie nimmt sich in der Zusammenarbeit als eher machtlos oder ohnmächtig wahr, während sie der Führungskraft damit eine Position der Übermacht zuschreibt. Das lässt auf eine „Ich bin nicht ok, Du bist ok"-Haltung (-/+) schließen.

Die Grundhaltung der Führungskraft könnte eine „Ich bin ok, Du bist nicht ok"-Haltung (+/-) sein: Sie macht Aufgaben lieber selbst und hält die Mitarbeiterin für unselbstständig und unsicher.

Eine konstruktive Beziehungsgestaltung und Zusammenarbeit scheint auf dieser Grundlage nicht möglich zu sein, was zunächst zum Erleben von Machtlosigkeit auf beiden Seiten führt.

Mini-Skript

Grundhaltungen können in Abhängigkeit von Situation, Personen und weiteren Einflussfaktoren wie z. B. Tagesform wechseln. Um dies zu erläutern, bietet sich das so genannte Miniskript an. Den Begriff prägte T. Kahler (1980). Schlegel beschreibt den Miniskriptablauf als einen sich selbst verstärkenden Kreislauf von Misserfolgserlebnissen, der sekundenschnell ablaufen kann. Es werden verschiedene Grundpositionen bezogen auf das Problem durchgespielt, doch und trotz aller Anstrengungen endet dieser Kreislauf immer in der Nicht-Ok-Grundposition. Der Ablauf findet seinen Ausgang in einer bedingten (+/+) - Haltung: „Ich bin ok, wenn…". Trifft die Bedingung nicht ein, so rutscht der Betreffende in eine (-/+) - Haltung („Ich bin nicht ok, …"), der Ablauf geht weiter mit Gedanken von Ärger, Rache oder Trotz „Der andere ist schuld!" in einer (+/-)-Haltung. Von hier ist es möglich wieder in die (+/+) - Haltung zurück zu kommen, oder es geht noch tiefer in die (-/-)-Haltung „Ich kann nichts und der andere auch nicht" (vgl. Schlegel 1988, S. 195 ff.).

Übertragen auf den Praxisfall könnte sich ein Miniskript bei der Führungskraft zeigen, als sie zunächst versucht, ihrer Führungsrolle gerecht zu werden, allerdings in dem Moment, in dem die Assistentin wiederholt Rückfragen stellt, in eine (+/-) - Haltung kommt („Warum denkt die denn nicht mit?") und sich dann fragt, warum sie nicht in der Lage ist, zu delegieren (-/+). Von dort geht sie in eine (-/-) - Haltung („Was bin ich denn für eine Führungskraft, wenn mir das nicht gelingt?" und „Kein Wunder, bei der Personalauswahl!").

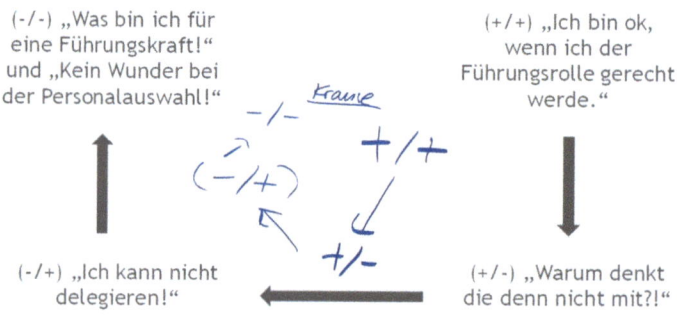

Abb. 2: Modell der Grundpositionen, Beispiel 1

Ähnlich könnte es der Assistentin gehen: Sie versucht ihre Arbeit gut zu machen („Ich bin okay, wenn ich keine Fehler mache"), erhält aber auf ihre Rückfragen negative Reaktionen. So gelangt sie in eine (-/+)-Haltung („Ich mache alles falsch"), was zu dem Gedanken führen könnte, dass die Führungskraft nicht gut genug erklärt was sie will (+/-) und von dort ggf. in die (-/-)-Haltung („Ich kann es ihr nicht recht machen" und „Sie weiß nicht, was sie will").

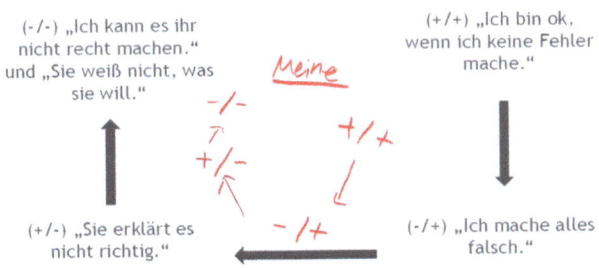

Abb. 3: Modell der Grundpositionen, Beispiel 2

In beiden Fällen ist keine konstruktive Zusammenarbeit möglich.

Drama-Dreieck

Ein weiterer Ansatz bei der Analyse von Beziehungsmustern in Konflikten kann das wiederholte Erleben von Situationen und Positionswechseln im Drama-Dreieck sein. Unter dem Begriff Drama-Dreieck (nach Karpman 1968) versteht die Transaktionsanalyse ein psychologisches Spiel, in dem, wie in einem Drama, jeder Mitwirkende eine bestimmte Rolle spielt. Die typischen drei Rollen heißen Retter, Verfolger und Opfer. Den Rollen liegen Denk- und Fühlmuster zugrunde, die zu entsprechenden Handlungen führen und ebensolche beim Gegenüber auslösen bzw. erfordern.

Aus der Retter-Rolle heraus versucht jemand einem anderen zu helfen, nimmt diesen allerdings insofern nicht ernst, als er ihm Hilfe angedeihen lässt, ob er will oder nicht. Die Retter-Rolle ist mit einer (+/-) - Grundhaltung verbunden und benötigt als Gegenspieler das Opfer, das sich selbst nicht helfen kann und das es zu retten gilt. Die Opfer-Rolle ist mit einer (-/+) - Haltung verbunden und spielt einen abhängigen, hilflosen und unterwürfigen Part. Die Verfolger-Rolle agiert, wie auch der Retter aus einer (+/-) - Haltung und klagt an, beschuldigt oder kritisiert seinen Gegenspieler (vgl. Schlegel 1988, S. 148 f.). Die Dynamik des Drama-Dreiecks entsteht, wenn die Rollen innerhalb eines Konfliktes gewechselt werden: Der Retter wird zum Beispiel zum Verfolger, indem er von seinen Ratschlägen ablässt und dem Opfer vorwirft, dass es die guten Ratschläge gar nicht umsetzt. Aus dem Verfolger wird ein Opfer, wenn sich sein Opfer auflehnt und ihn im Gegenzug anklagt und herabsetzt.

In unserem Praxisbeispiel könnte sich das folgendermaßen darstellen: Die Assistentin wechselt aus der Opferposition („Ich frage doch schon ganz genau nach, damit ich keine Fehler mache!") in die Verfolgerposition („Die Führungskraft weiß doch selbst nicht was sie will, so kann doch niemand arbeiten"). Die Verfolgerposition zeigt sich bei der Führungskraft z.B. in der Aussage „Da kann ich es gleich selber machen, dann stimmt wenigstens die Qualität" aber auch die Opferposition kann sie besetzen, indem sie ihre Führungsfähigkeiten anzweifelt und sich machtlos fühlt.

Durch die Positionswechsel im Drama-Dreieck lässt sich nachvollziehen, dass, wie anfänglich beschrieben, Macht nicht einseitig verteilt ist. Keine der drei Positionen ist weniger machtvoll als eine andere, auch wenn es auf den ersten Blick vielleicht so scheint. Ebenso wie die Verfolger- und Retterposition hat auch die des Opfers enormes Potenzial etwas zu beeinflussen.

Indem das Opfer sich ganz hilflos und unterwürfig zeigt, zwingt es sein Gegenüber geradezu Position zu beziehen, entweder indem der Hilferuf aufgenommen wird und das Gegenüber die Retterposition einnimmt oder sich dagegen sträubt und zum Verfolger wird. Mit dem eigenen Wechsel in die Rolle des Verfolgers demonstriert das vorherige Opfer dann seine Macht und lässt die Falle zuschnappen.

3 Merkmal gesunder Beziehungen: Autonomie

Hauptmerkmal gesunder Beziehungsgestaltung ist im transaktionsanalytischen Sinne vor allem Autonomie und damit das Anerkennen, dass die Verantwortung für die Beziehungsgestaltung nicht allein oder hauptsächlich bei demjenigen liegt, der formal die Macht innehat, sondern, dass beide zu 50 % für die Gestaltung der Beziehung verantwortlich sind. Autonomie nach Eric Berne (1967), dem Begründer der Transaktionsanalyse, beinhaltet drei Dimensionen, die auf die Beziehungsgestaltung wirken:

> a) *Bewusstheit*: Die Fähigkeit eigene und fremde Gefühle, Gedanken und Wirkungen deutlich wahrnehmen und reflektieren zu können. Bewusstheit trägt zur Klärung von Rollen bei und geht mit einer (+/+)-Haltung einher.

> b) *Spontaneität*: Die Fähigkeit, frei zwischen verschiedenen Reaktionsmöglichkeiten wählen zu können, also nicht automatisch oder in eingefahrenen Mustern. Das zeigt sich in der Fähigkeit zum Perspektivwechsel und erleichtert Rollen anzunehmen und auszufüllen.

c) Intimität/Nähe: Die Fähigkeit, mit Offenheit und Vertrauen Beziehungen einzugehen und in angemessener Weise Emotionen zeigen zu können.

Autonomie wird als Entwicklungsprozess begriffen. Sie als Ziel anzustreben bringt den Handelnden in eine eigenständige, unabhängige innere Position, von der eine gewisse Stabilität ausgeht. Sie bietet z.B. Schutz vor Vereinnahmung und Burnout, die durch empfundene oder tatsächliche Übermacht entstehen können. Trotz Hierarchie und Machtgefälle ermöglicht Autonomie in eine konstruktive (+/+)-Haltung zurückzukehren. Hier ist zunächst erst einmal jeder Mensch für sich und seine eigene Haltung verantwortlich. Diese wird sich auf die Zusammenarbeit auswirken.

Auf das Fallbeispiel übertragen bedeuten die Dimensionen des Autonomiebegriffs folgendes:

a) Bewusstheit

Bewusstheit umfasst vor allem das deutliche Wahrnehmen und Reflektieren des vorhandenen Beziehungsmusters und der damit einhergehenden Dynamik. Die Analyse der Situation anhand dreier transaktionsanalytischer Modelle kann hier hilfreich sein:

1) Das Modell der Grundhaltungen

Sowohl die Führungskraft als auch die Mitarbeiterin kann sich bewusst vor Augen führen, aus welcher Grundhaltung heraus sie in der Situation agiert und versuchen, diese hin zu einer konstruktiven „Ich bin ok, Du bist ok"-Haltung zu verändern.

So könnte die Führungskraft sich klar machen, dass sie es mit einer gut ausgebildeten Mitarbeiterin zu tun hat, die einfach noch nicht komplett eingearbeitet ist und eine en-gere Abstimmung benötigt, um sich an ihre Arbeitsweise zu gewöhnen.

Die Assistentin auf der anderen Seite kann über Reflexion Klarheit gewinnen, dass sie aus einer Unterlegenheitshal-tung heraus agiert („Ich bin nicht ok, Du bist ok") und mög-licherweise erkennen, dass sie mit der Strategie immer mehr nachzufragen, keinen konstruktiven Umgang mit der Führungskraft findet und stattdessen – im Vertrauen auf ihre eigenen Fähigkeiten – riskieren könnte die Aufgaben auf ihre Art zu lösen.

2) Das Modell des Miniskripts

Anhand des Modells des Miniskripts könnten beide mehr Klarheit über ihre eigenen Bedürfnisse und Ängste gewin-nen. Sind sie sich über den Ablauf des Miniskripts im Klaren, können sie Strategien entwickeln, sich aus den verschiede-nen Phasen zurück in die (+/+) - Haltung zu bringen. Bei-spielsweise könnte die Führungskraft in dem Moment, in dem sie bemerkt, dass sie durch Rückfragen der Mitarbei-terin in eine (-/+) - Haltung wechselt, sich klarmachen, dass die Mitarbeiterin dies mit besten Absichten tut und nichts weiter sucht als Sicherheit. Die Mitarbeiterin ihrerseits könnte den Einstieg ins Miniskript, wenn sie ihn beobachtet, stoppen, indem sie sich klarmacht, dass die Führungskraft einem hohen Druck ausgesetzt ist und nicht sie persönlich angreift, wenn sie unfreundlich auf Fragen reagiert.

3) Das Drama-Dreieck

Erkennen die Beteiligten die Dynamik des Drama-Dreiecks und werden sie sich über ihre jeweilige Position bewusst, können sie beginnen diese zu hinterfragen. So kann die Füh-rungskraft zum Beispiel die Verfolgerrolle aufgeben und stattdessen ein konstruktives Gespräch mit der Mitarbeiterin vorbereiten, um ihr einerseits die nötige Sicherheit zu vermitteln (dass sie die Kompetenzen mitbringt, die benötigt werden) und ihr andererseits konkret und wohlwollend zurückzumelden, was sie anders machen soll.

Die Mitarbeiterin ihrerseits kann sich durch die Bewusstheit über die Rolle im Drama-Dreieck daraus befreien, in dem sie sich konkret fragt, was sie an Informationen und Unterstützung braucht, um ihre Fähigkeiten zum Einsatz zu bringen. Darüber hinaus kann sie sich klarmachen, dass sie immer eine weitere Handlungsoption hat und selbst entscheiden kann, sich woanders zu bewerben, wenn es sich nicht ändert – so erlangt sie Handlungsfähigkeit und fühlt sich weniger ausgeliefert.

b) Spontaneität

In Bezug auf den Praxisfall kann von Spontaneität gesprochen werden, wenn die Beteiligten in ihren Rollen flexibel sind und nicht automatisch ihren Beziehungsmustern folgen. Konkret hieße das, sich nicht nur über die oben beschriebenen Grundhaltungen, den Miniskriptablauf und die Rollen im Drama-Dreieck bewusst zu sein, sondern sich anders zueinander zu verhalten. Das kann zum Beispiel geschehen, indem die Führungskraft ihre (+/-) - Haltung aufgibt und stattdessen die Mitarbeiterin fragt, was sie benötigt, um gut arbeiten zu können. Oder andersherum, indem die Mitarbeiterin eine verantwortungsvolle Rolle einnimmt und der Führungskraft Grenzen in Bezug auf ihre Art der Rückmeldungen gibt. Um wirklich von Spontaneität zu sprechen, dürften sich hier nun keine Muster mit entgegengesetzten

Vorzeichen bilden, sondern spontane und bewusste Verhaltensweisen gezeigt werden, die keinen vorbestimmten Mustern folgen.

c) Intimität/Nähe

Intimität oder Nähe meint die Fähigkeit, mit Offenheit und Vertrauen Beziehungen zu gestalten und mit Emotionen und Bedürfnissen umzugehen. Konkret hieße das für den Praxisfall, dass die
beiden Beteiligten offen über ihr Erleben sprechen und dabei
vertrauensvoll miteinander umgehen. Die Führungskraft könnte
zum Beispiel über ihre empfundene Machtlosigkeit sprechen und
die Mitarbeiterin an ihren Überlegungen teilhaben lassen, wie
sich die Situation verändern lässt.

Umgekehrt könnte die Mitarbeiterin die Hintergründe ihrer vielen Rückfragen erklären und so klarmachen, dass es ihr darum
geht, ihre Arbeit möglichst gut zu machen. Mit der Offenheit in
Bezug auf Bedürfnisse und Wünsche ist die Voraussetzung ge-
schaffen eine konstruktive Zusammenarbeit über Hierarchie-
grenzen hinweg zu etablieren.

An diesen Beispielen wird deutlich, was Merkmale gesunder und
ungesunder Beziehungsmuster darstellen:

Ungesunde Beziehungs- gestaltung	Gesunde Beziehungs- gestaltung
Erleben von Übermacht und Machtlosigkeit	Anerkennen vereinbarter Machtstrukturen
Negative und bedingte Grundhaltung (-/+), (+/-) oder (-/-)	Konstruktive, positive Grundhaltung (+/+), ohne Bedingungen
Starre Rollen als Retter, Verfolger oder Opfer	Spontaneität und Flexibilität in der Ausfüllung verschiedener Rollen
Eingefahrene und automatisierte Verhaltens- und Interaktionsmuster	Flexibilität und Bewusstheit über Verhaltensweisen und Interaktionen
Misstrauen und Unterstellung böser Absicht	Vertrauen und Offenheit

Tabelle 1: Ungesunde und gesunde Beziehungsgestaltung

4 Empfehlungen für eine gesunde Beziehungsgestaltung

Aus den angewandten transaktionsanalytischen Modellen und den konkreten Ableitungen aus dem Praxisfall lassen sich folgende vier allgemeine Empfehlungen zur gesunden und konstruktiven Beziehungsgestaltung entwickeln, die nachfolgend konkretisiert werden:

a. Grundhaltungen reflektieren und (+/+) - Haltung anstreben
b. Mini-Skript aufdecken und durchbrechen
c. Ausstieg aus dem Drama-Dreieck

d.   Autonomie anerkennen und anstreben

a. Grundhaltungen reflektieren und (+/+) - Haltung anstreben

Eine positive Grundhaltung einem anderen gegenüber ist die Basis für einen konstruktiven Umgang miteinander. Um sich über die Haltung zu einer anderen Person klarzuwerden, empfehlen wir folgende Reflexionsfragen:

- Was denke ich über mein Gegenüber? Halte ich sie/ihn grundsätzlich für einen wertvollen Menschen?
- Was ist es konkret, das mich stört?
- Welche positive Absicht könnte der andere mit seinem konkreten Handeln verbinden?

b. Miniskript aufdecken und durchbrechen

Wer sich selbst gegenüber eine positive Haltung hat, dem fällt es leichter, diese auch anderen entgegen zu bringen. Um sich über die Haltung zu sich selbst klarzuwerden, empfehlen wir folgende Reflexionsfragen:

An welche Bedingungen knüpfe ich mein OK-Sein?

- Bin ich z.B. nur ok, solange ich keine Fehler mache?
- Bin ich nur ok, solange ich es allen recht mache?
- Bin ich nur ok, wenn ich schnell bin?

Sind die Bedingungen bekannt, ist es möglich, den Miniskriptablauf zu unterbrechen, sobald dieser bewusst wird. Bei hoher Bewusstheit kann ein beginnender Miniskriptzirkel sogar als Erinnerung benutzt werden, um sich klarzumachen: Ich bin ok, ganz ohne Bedingungen.

c. Ausstieg aus dem Drama-Dreieck

Um aus einem Drama-Dreieck auszusteigen, ist es wichtig in die positive Grundhaltung zu kommen und zu fragen, welches positive Potenzial darin steckt, wenn die Spieldynamik aufgelöst werden würde?

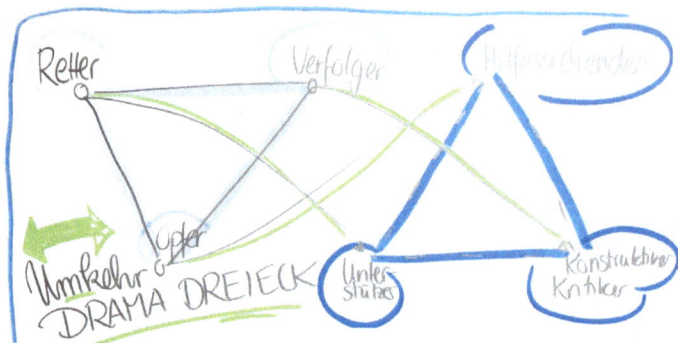

Abbildung 4: Umkehr des Drama-Dreiecks

So könnte aus der Opfer-Position ein Hilfesuchender werden: eine Person, die grundsätzlich ok ist und an einer bestimmten Stelle Unterstützung benötigt. Aus der Verfolger-Position könnten die Eigenschaften eines konstruktiven Kritikers nutzbar gemacht werden. Jemand, der konkrete Anstöße zur Weiterentwicklung und Optimierung gibt, dabei aber nicht verletzend oder persönlich wird, sondern den Wert und die Fähigkeiten des anderen anerkennt und schätzt. In der Retter-Position liegt das Potenzial eines Unterstützers, der konkrete Hilfestellungen gibt und dabei voraussetzt, dass der andere grundsätzlich fähig ist und nicht hilflos, sondern nur in einer konkreten Situation Hilfe benötigt und darum gebeten hat.

Durch solch eine Auseinandersetzung mit den dahinterliegenden Potenzialen kann eine veränderte Haltung erlangt werden. Dadurch gelingt der Ausstieg aus dem Drama-Dreieck und es entsteht die Möglichkeit der konstruktiven Zusammenarbeit und des konstruktiven Umgangs miteinander.

Dazu einige Fragen zur Selbstreflexion:

- Welche Position im Drama-Dreieck nehme ich überwiegend im Konflikt ein?
- Welche Motive liegen meinem Handeln zugrunde?
- Welche meiner Stärken/Potenziale könnte ich einbringen?
- Welche Motive könnten dem Auftreten meiner Kollegen/Vorgesetzten zugrunde liegen?
- Welche Stärken/Potenziale könnten meine Kollegen/Vorgesetzten einbringen?
- Welche Alternativen gibt es in der Gestaltung unseres Miteinanders?

d. Autonomie anerkennen und anstreben

Neben der positiven Grundhaltung ist Autonomie die basale Voraussetzung für einen konstruktiven Umgang miteinander – insbesondere in Machtkonstellationen. Folgende Reflexionsfragen zielen auf die Stärkung der eigenen Autonomie:

- Aus welcher Haltung heraus agiere ich im Konflikt?
- Gibt es Anzeichen ungesunder Beziehungsmuster?
- Bin ich manchmal im Drama-Dreieck gefangen? Was passiert, bevor es dazu kommt?

- Wenn ich an typische Konflikte denke, kann ich im Nachhinein ein Mini-Skript bei mir entdecken?
- Wie würde ich mir die Kommunikation wünschen?
- Bin ich beweglich zwischen verschiedenen Rollen?
- Bin ich bereit Nähe zuzulassen, etwas von mir preiszugeben und über etwas zu sprechen, dass mir wirklich wichtig ist?
- Bin ich in der Lage über meine Bedürfnisse und Wünsche zu sprechen?
- Wie nehme ich das Verhalten des anderen war? Welche Wirkung hat das auf mich? Und welchen Wunsch habe ich?
- Bin ich bereit dem anderen wirklich zuzuhören? Seine Meinung gelten zu lassen?
- Nehme ich Aussagen (zu) persönlich, die evtl. sachlich adressiert sind?
- Behalte ich innerlich Abstand? Sehe ich mein Gegenüber als selbstverantwortlichen Menschen, der in sich okay ist?

Die Auflösung ungesunder Beziehungsmuster erfordert ein hohes Maß an Reflexion und damit Bewusstheit der Beteiligten, damit sie in die Lage kommen, ihre Beziehung bewusst und autonom zu gestalten. Autonomie erkennt an, dass jeder Mensch für sich und sein Handeln selbstverantwortlich ist und entsprechend entscheidet, sich in Machtkonstellationen zu begeben, oder diese wieder zu verlassen. Dies ist die Grundvoraussetzung dafür, dass es möglich ist, trotz hierarchischer Unterschiede und Machtgefälle auf Augenhöhe miteinander zu interagieren. So ist die Empfehlung, sich selbst seine Autonomie immer wieder bewusst zu machen und die eigene Handlungsfähigkeit vor Augen zu führen, um die 50 % der Beziehungsgestaltung konstruktiv auszufüllen.

Literatur

Berne, E. (1967): Spiele der Erwachsenen. Psychologie der menschlichen Beziehungen, Reinbek: rororo, S. 244-250

Glasl, F. (2013): Konfliktmanagement. Ein Handbuch für Führungskräfte, Beraterinnen und Berater, 11. Auflage. (2013), Stuttgart: Haupt

Hagehülsmann, U. & H. (2007): Der Mensch im Spannungsfeld seiner Organisation: Transaktionsanalyse in Managementtraining, Coaching, Team- und Personalentwicklung, Paderborn: Junfermann

Kahler, T. (1980): Das Miniskript. In: Barnes, G. et al. (Hrsg.), Transaktionsanalyse seit Eric Berne. Bd. II: Was werde ich morgen tun? Berlin: Institut für Kommunikationstherapie, S. 91-132

Karpman, S. (1968): Fairy Tales and Script Drama Analyses, in: Transactional Analysis Bulletin, Vol. 7, S. 39-43

Schlegel, L. (1988): Die Transaktionale Analyse, 3. Auflage (1988), Tübingen: Francke

Simon, F. B. (2015): Einführung in die Systemtheorie des Konflikts, 3. Aufl. (2015), Heidelberg: Carl-Auer

Macht und Management

07

Martin Mirbizaval, Caroline Prenißl
Wie Beziehungsgestaltung und
die Verschiebung formeller
und informeller
Machtstrutkuren
zusammenhängen

Wie Beziehungsgestaltung und die Verschiebung formeller und informeller Machtstrukturen zusammenhängen

Martin Mirbizaval, Carola Prenißl

Zusammenfassung

Die Formen der Machtausübung in Organisationen hängen maßgeblich von der Gestaltung von Beziehungen ab. Sie prägen sich sowohl in formellen als auch informellen Machtstrukturen aus. Innerhalb dieser Strukturen reichen sie von konstruktiv beziehungsfördernd bis hin zu destruktiv beziehungshemmend. Im Nachfolgenden Beitrag stellen wir ein Modell vor, das formelle und informelle Machtstrukturen mit der Ausprägung von Beziehungsgestaltung in Bezug setzt und daraus unterschiedliche Erscheinungsformen der Machtausübung ableitet.

1 Macht im organisationalen Kontext

Macht drückt das menschliche Bedürfnis aus, Einfluss auf andere zu nehmen. Diese Einflussnahme kann vielfältig sein. Für den einen bedeutet Macht Unterdrückung, für den anderen ist sie ein konstruktives Element der Kommunikation (vgl. Han 2005, S.7). Macht kann in Form von Kontrolle und Reglementierung in Erscheinung treten, aber auch integrativ wirken (vgl. Schmid, Hipp 1998, Schrift 24). Mit dem Ansatz, dass Organisationen im Wesentlichen durch Beziehung gestaltet werden (vgl. Korpiun & Thiele 2016, S. 2), bieten sich im organisationalen Kontext dann drei Definitionen von Macht an:

„Macht als Fähigkeit, eigene Interessen gegen Widerstände durchzusetzen": Max Weber definiert den klassischen Ansatz von Macht als „Macht bedeutet jede Chance, innerhalb einer sozialen Beziehung den eigenen Willen auch gegen Widerstände durchzusetzen, gleichviel worauf diese Chance beruht (vgl. Weber 1980, S. 28)."

„Macht als Fähigkeit, etwas zu bewirken": Ein wesentliches Beziehungsbedürfnis liegt nach Erskine darin, beim Gegenüber etwas bewirken zu können, den anderen also in eine gewünschte Richtung zu beeinflussen. Es geht darum, die Aufmerksamkeit und das Interesse des anderen zu gewinnen, die Interessen des anderen zu beeinflussen und eine Veränderung seiner Gefühle oder seines Verhaltens zu bewirken.

„Macht ist die Fähigkeit zu urteilen, zu entscheiden und zu handeln": Nach Berne ist eine Person unabhängig und eigenständig in ihren Handlungen, Urteilen und Entscheidungen, wenn sie die drei Fähigkeiten Bewusstheit, Spontanität und Intimität freisetzen oder wiedergewinnen kann. Dabei meint Bewusstheit eine unmittelbare sinnliche Offenheit für Wahrnehmungen im Hier und Jetzt sowie ungehemmte Intensität der gegenwärtigen Empfindungen und Gefühle. Spontanität bedeutet, die Freiheit und Fähigkeit, diese Gefühle und Empfindungen unmittelbar auszudrücken und Intimität schließlich meint, die Möglichkeit, eine offene, aufrichtige, liebevolle Beziehung zu seinen Mitmenschen einzugehen (vgl. Hagehülsmann 2007, S. 14; Berne 1964, S. 244).

Ausgehend von diesen drei Thesen, die verschiedene Beziehungsgestaltungsverständnisse zum Ausdruck bringen, betrachten wir im nächsten Kapitel die Strukturen, innerhalb derer sich Macht (in Organisationen) ausdrückt.

2 Ausprägungen von Macht in formellen und informellen Strukturen

Unter formeller Macht verstehen wir die Art von Einfluss, die jemandem per Position, Definition, Hierarchie und Organigramm verliehen wird. Sie wird durch Gesetze und Regularien manifestiert und kann eben diese Gesetze und Regularien auch verändern und gestalten. Sie zeigt sich in Symbolen und erlaubt dem Inhaber Entscheidungen zu treffen, Verantwortung zu übernehmen, Weisungen zu erteilen, Befugnisse zu haben und zu nutzen.

Informelle Macht wiederum ist nicht so offensichtlich. Sie gibt es in verschiedenen Ausprägungen: Die Macht der Meinungsführer, der Charismatiker, der starken Persönlichkeiten. Aber auch die Macht derer, die machen, sich kümmern, die emphatisch sind, andere mitnehmen können. Es gibt die Macht derer, die mehr Informationen und Wissen haben, genauso wie die Macht derer, denen die anderen etwas zutrauen (Kompetenzzuschreibung) oder die Macht derer, die einfach vorangehen, Verantwortung übernehmen. Nicht zuletzt kann man informelle Macht auch bekommen durch die Verweigerung („Nein-Sager haben die Macht"), durch die schweigenden Dulder, die anderen die Macht erst ermöglichen oder durch die Nähe zu anderen Mächtigen.

Beide Arten der Machtausübung haben ihre Berechtigung. Ohne sie würde eine Organisation nicht funktionieren. Es stellt sich daher weniger die Frage, welche der beiden Formen besser oder schlechter ist. Es geht vielmehr um die Frage, wie wir unser ganz natürliches Bedürfnis nach Macht und Einfluss in Beziehungsgestaltung ausdrücken.

3 Beziehungsgestaltung in Organisationen

Konventionelle Machtausübung im Sinne Webers kann den Herausforderungen der Postmoderne zuweilen nicht mehr gerecht werden. Der explosionsartigen Zunahme von Dynamik und Komplexität, veränderte Zeitperspektiven und -rhythmen, Globalisierung, Flexibilisierung und Individualisierung werden oft mit Aktionismus oder Ohnmacht begegnet. In dieser Situation stoßen konventionelle Formen der Macht an ihre Grenzen und werden bestimmten Erfordernissen, wie Schnelligkeit von Entscheidungen, Mitverantwortung und Flexibilität nur zum Teil gerecht. Nicht Kontrolle und Reglementierung stärken die Vitalität von Organisationen, sondern Machtformen, die gemeinsame Ausrichtung, Integration und Integrität schaffen (vgl. Schmid & Hipp 1998, S. 2). Es geht um die bessere Nutzung der sogenannten Schwarmintelligenz, die sich als Vernetzung unterschiedlicher Kompetenzen versteht. Sie nutzt das Talent aller Mitarbeiter (vgl. May 2011, S. 11-15). So können tragfähigere, nachhaltigere Entscheidungen getroffen werden – jenseits von Entscheidungen einzelner Mächtiger. Informelle Machtstrukturen gewinnen so gegenüber den formellen an Bedeutung.

Es bedarf also einer neuen Anforderung an die Macht im 21. Jahrhundert. In seiner Biophilie-Maxime fordert Rupert Lay: „Handle stets so, dass du das personale Leben in deiner Person als auch in der Person eines jeden anderen Menschen eher mehrst denn minderst". Macht wird dann konstruktiv wirksam, wenn sie integratives und authentisches Handeln fördert, Beziehungen gestaltet und gleichzeitig Konflikte im Sinne einer Stärkung dieser Beziehungen angeht und löst. Und dies sowohl in formellen als auch informellen Machtstrukturen.

4 Zusammenhang von Beziehungsgestaltung und Machtstrukturen in Organisationen

Beziehungsgestaltung hängt vor allem ab von den Beziehungskompetenzen der Machthabenden. Als Beispiele für organisationale Beziehungskompetenzen nennen Thiele/Korpiun die Entwicklung einer Vertrauenskultur, die Verbesserung der Zusammenarbeit und Kooperation in der Organisation zur Verbesserung der Zielerreichung, die Entwicklung der Fähigkeit zur Auseinandersetzung und zum Konflikt oder die Fähigkeit, sich mit Widersprüchen – etwa zur organisationalen Umwelt auseinanderzusetzen. Beziehungsgestaltung in diesem Sinne wirkt dann konstruktiv beziehungsfördernd. Auf der anderen Seite wirkt geringe Beziehungskompetenz destruktiv und beziehungshemmend.

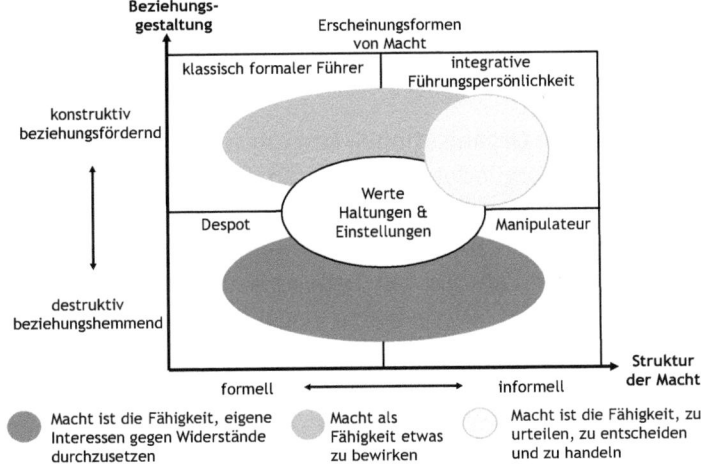

Abbildung 1: Zusammenhang zwischen Ausprägungen von Beziehungsgestaltung und formellen und informellen Machtstrukturen

131

Abbildung 1 zeigt, dass konstruktive, fördernde und konfliktfähige Beziehungsgestaltung nicht von der jeweiligen Machtstruktur abhängt. Sie kann in beiden Strukturen gelebt werden. Das Machtverständnis von Erskine und Berne findet sich dementsprechend in den beiden oberen Quadranten wieder. Das Modell zeigt aber auch, dass es dann je nach Ausprägung der Machtstruktur einer entsprechenden Führungspersönlichkeit bedarf. In formellen Machtstrukturen ist eine klassisch formale Führung gefragt, während die Zunahme informeller Machtstrukturen eher einen integrativen, durch Persönlichkeit geprägten Führungsstil im Sinne Berne's verlangt.

Destruktiv beziehungshemmende Beziehungsgestaltungen bilden dagegen Führungsstile aus, die mehr dem Verständnis von Weber entsprechen. In formellen Machtstrukturen sind diese durch herrisches, rücksichtsloses und keinen Widerspruch duldendes Verhalten (Despot) bzw. in informellen Machtstrukturen durch manipulierende Eigenschaften (Manipulator) des Machtausübenden gekennzeichnet.

Beziehungen in Organisationen konstituieren sich durch das Verhalten ihrer Mitglieder sowie deren Haltungen, Einstellungen und Grundpositionen (vgl. Korpiun 2013, Chart 6). Diese wiederum leiten sich auch aus dem jeweiligen Werteverständnis (der Machthabenden) ab und bestimmen deren Fähigkeit zur Schaffung von Integrität. Wenn Macht – egal ob formell oder informell – und konstruktive Beziehungsgestaltung zusammenkommen, wenn Menschen sich nicht „beherrscht" (+/-), sondern eingeladen fühlen, sich einzubringen (+/+), autonom ihre eigenen Entscheidungen zu treffen und einen Beitrag zum Ganzen zu leisten, kann die dann vorhanden Sinn- und Schöpfermacht ungeahnte Energien freisetzen. Beziehungsgestaltung wäre dann nicht geprägt von der instrumentellen Wirksamkeit der Handlungen, andere Menschen berechnen und beherrschen und die eigenen Pläne möglichst ohne Abstriche umsetzen zu können, sondern von ihrer resonanz- und beziehungsstiftenden Qualität (vgl. Rosa 2016, S. 274). Der Verschiebung von formellen hin zu informellen Machtstrukturen kann dann durch die Entwicklung von geeigneten Führungspersönlichkeiten und durch eine entsprechende Ausgestaltung von Beziehungen entsprochen werden.

Literatur

Berne, E. (1964): Spiele der Erwachsenen: Psychologie der menschlichen Beziehung, Reinbek: rororo

Erskine, R (2008): Beziehungsbedürfnisse, In Zeitschrift für Transaktionsanalyse. In: Zeitschrift für Transaktionsanalyse Vol. 4, Paderborn: Junfermann

Hagehülsmann, U. & H. (2007): Der Mensch im Spannungsfeld seiner Organisation, Paderborn: Junfermann

Han, B. (2005): Was ist Macht?, Stuttgart: Reclam

Korpiun, M. (2013): Reader TA -101, Grundlagenwissen Transaktionsanalyse, Chart 6, Hannover: In Stability

Korpiun, M. / Thiele, M. (2016): Wie Beziehungskompetenzen die Entwicklung von Kultur und damit von Organisationen prägen, S. 2, In: Lohkamp, L. / Raeck, H. (Hrsg.): Tore und Brücken zur Welt. Willkommen in bewegten Zeiten, 1. Aufl. (im Druck)

Lay, R. (1989) Ethik für Manager, Düsseldorf: Econ

May, J. (2011): Schwarmintelligenz im Unternehmen, Erlangen: Publicis Publishing

Rosa, H. (2016): Resonanz. Eine Soziologie der Weltbeziehung, Berlin: Suhrkamp

Schmid, B. / Hipp, J. (1998): Macht und Ohnmacht in Dilemmasituationen, Nr. 24 im Schriftenverzeichnis des Instituts, Wiesloch: Institut für systemische Beratung

Weber, M. (1976): Wirtschaft und Gesellschaft. Grundriss der verstehenden Soziologie, 1. Halbband, Tübingen: Mohr

Macht und Management

08

Autoren und Autorinnen

Autoren und Autorinnen

Miriam Dreblow

Erziehungswissenschaftlerin mit Schwer-
punkt Erwachsenenbildung, tätig als
Trainerin und Beraterin der imug Bera-
tungsgesellschaft für sozial ökologische
Innovationen mbH in Hannover. In Ausbildung zur Transaktionsanalytischen Beraterin im Bereich Organisation.

- miriam.dreblow@gmx.de

Stephan Giesler

Leiter Digital Innovation Dialogue and
Global Process Development, Continental
AG. Diplom-Medienwissenschaftler, Han-
nover. Teilnehmer am Ausbildungsgang
Transaktionsanalyse (TA-O).

- giesler@gmx.net
- www.xing.com/profile/Stephan_Gies-
ler

Dr. Michael Korpiun

Ökonom, Organisationsentwickler, Ausbilder, Coach. Geschäftsführender Gesellschafter In Stability GmbH & Co. KG, der beziehungsorientierten Entwicklungsberatung und Akademie für Menschen und Organisationen in Hannover. Lehrender und supervidierender Transaktionsanalytiker unter Supervision im Bereich Organisation (PTSTA-O).

- michael.korpiun@in-stability.de
- www.in-stability.de

Anna Kraatz

Diplom-Juristin, M. A. Organisationskulturen und Wissenstransfer Betriebliches Gesundheitsmanagement. In Ausbildung zur Transaktionsanalytischen Beraterin im Bereich Organisation.

- kraatz@eversonline.de

Melanie Kuhlmann

Sprachwissenschaftlerin und Marketing-Kauffrau, Trainerin, Beraterin und Marketing-Verantwortliche der dimension21 GmbH Training und Beratung, einer Unternehmensberatung für Personal- und Organisationsentwicklung in Bielefeld. In Ausbildung zur Transaktionsanalytischen Beraterin im Bereich Organisation.

- m.kuhlmann@dimension21.de
- www.dimension21.de

Martin Mirbizaval

Zertifizierter TA Berater (Berater für Transaktionsanalyse) im Bereich Organisation, Dipl.-Ing. Maschinenbau, freiberuflicher Projektarbeiter, Fotograf.

- info@martin-mirbizaval.de

Carola Prenißl

Pädagogin, Personalentwicklerin, systemische Beraterin und Supervisorin (DGSF), mehrjährige Ausbildung in Transaktionsanalyse, seit vielen Jahren in verschiedenen Funktionen im HR-Bereich eines deutschen Markenartiklers, zur Zeit verantwortlich für Change Management und new ways of working, nebenberuflich tätig als Coach, Supervisorin und Beraterin im Profit- und Non-Profit-Bereich.

* beratung@prenissl@arcor.de

Anja Stamm

Personal- und Organisationsentwicklerin aus Hannover. Selbstständige Beraterin und Trainerin für Organisationen mit leidenschaftlichem Interesse für die Natur, systemische Transaktionsanalyse in Organisationen und die Zukunft der Arbeitswelt.

* hello@anja-stamm.de

Martin Thiele

Wirtschaftsingenieur, Organisationsentwickler, Ausbilder, Coach. Geschäftsführender Gesellschafter In Stability GmbH
& Co. KG, der beziehungsorientierten
Entwicklungsberatung und Akademie für
Menschen und Organisationen in Hannover. Zertifizierter Transaktionsanalytiker
im Bereich Organisation (CTA-O).

- martin.thiele@in-stability.de
- www.in-stability.de